# 高校图书馆信息化创新建设与服务研究

李凤强 ◎ 著

吉林出版集团股份有限公司

图书在版编目（CIP）数据

高校图书馆信息化创新建设与服务研究 ／ 李凤强著
. — 长春：吉林出版集团股份有限公司，2023.7
ISBN 978-7-5731-3791-3

Ⅰ．①高… Ⅱ．①李… Ⅲ．①院校图书馆－信息化建
设－研究②院校图书馆－图书馆服务－研究 Ⅳ．
①G258.6

中国国家版本馆 CIP 数据核字（2023）第 116919 号

## 高校图书馆信息化创新建设与服务研究

GAOXIAO TUSHUGUAN XINXIHUA CHUANGXIN JIANSHE YU FUWU YANJIU

| | | |
|---|---|---|
| 著　　者 | 李凤强 | |
| 出版策划 | 崔文辉 | |
| 责任编辑 | 刘　洋 | |
| 助理编辑 | 邓晓溪 | |
| 封面设计 | 文　一 | |
| 出　　版 | 吉林出版集团股份有限公司 | |
| | （长春市福祉大路 5788 号，邮政编码：130118） | |
| 发　　行 | 吉林出版集团译文图书经营有限公司 | |
| | （http：//shop34896900.taobao.com） | |
| 电　　话 | 总编办：0431-81629909　营销部：0431-81629880/81629900 | |
| 印　　刷 | 廊坊市广阳区九洲印刷厂 | |
| 开　　本 | 710mm×1000mm　　1/16 | |
| 字　　数 | 242 千字 | |
| 印　　张 | 11.5 | |
| 版　　次 | 2023 年 7 月第 1 版 | |
| 印　　次 | 2024 年 1 月第 1 次印刷 | |
| 书　　号 | ISBN 978-7-5731-3791-3 | |
| 定　　价 | 78.00 元 | |

# 前　言

　　随着信息时代的到来，作为保存人类知识的图书馆，在当今全球信息化浪潮的推动下，成了现代社会的主要信息机构之一，图书馆信息化建设工作正在如火如荼地开展着。图书馆信息化建设的根本目的，就是为了最大限度地挖掘、利用、传播知识，为读者提供信息共享的平台，从而更好地为读者服务。

　　当今社会，图书馆文献信息管理和服务工作正向载体形态多样化、文献信息数字化、信息传播网络化、信息检索自动化方向发展。顺应时代的发展变化，图书馆在服务观念上必须加快"以书为本"到"以人为本"的转变，在服务功能上必须加快由"外借中心"向"学习中心"的转变。创新服务管理模式，强化学术动态追踪，开展信息整合推送。进一步推进图书馆改革建设与教学科研的深度融合。

　　高校图书馆信息化建设是一个长期的过程，任务艰巨，需要相关图书馆成员的不懈努力，也需要各高校图书馆在信息化建设过程中的交流探讨和相互借鉴，因此，希望本书对大多数高校图书馆的信息化建设工作都能够具有参考价值。

# 目　录

# 第一章 高校图书馆的信息化平台建设

## 第一节 高校图书馆大数据整合系统平台建设

### 一、高校图书馆大数据资源整合平台的设计

大数据资源整合是指共享来自两个或更多个应用的数据，以此创建一个具有更多功能的应用的过程。任何功能模式的增加、修改和删除，均不能降低大数据资源整合平台整体的功能性和可控性。图书馆大数据资源整合平台应采用多层次的系统结构，以保证系统平台有较强的扩展能力。

图书馆大数据资源整合平台系统主要是由管理操作层、数据预清洗与过滤层、数据整合层和大数据资源层四部分组成。管理操作层是平台系统管理与应用的接口，管理员通过在该层操作去完成大数据资源整合平台系统的控制、管理、维护和应用。数据预清洗与过滤层依据定义的数据清洗与过滤规则，对所采集的大数据资源进行错误与可用性检查、数据质量分析、数据过滤与清洗，保证进行数据整合时的大数据资源具有较高的价值密度和可操作性。数据整合层是将临时数据库中已进行预清洗与过滤的数据，通过数据源的读取、数据转换规则的解析和系统加载，将已转换的数据写入主数据库，最终完成图书馆大数据资源的整合。大数据资源层主要由不同终端和监控设备采集的大数据资源、临时数据库、主数据库和应用系统数据库组成。图书馆采集的大数据资源暂时存放于临时数据库中，根据预先定义好的规则对其进行数据清洗与过滤，进行数据整合操作后导入主数据库中。数据同步机制确保了应用系统数据和主数据库中的数据具有一致性，也为图书馆大数据应用提供了安全、高价值密度的数据支持。

# 二、高校图书馆大数据整合策略

高校图书馆大数据整合策略包括以下几种：

## （一）实现数据中心 IT 基础设施架构的高效整合与优化

首先，图书馆数据中心 IT 基础设施架构的整合与优化，有着风险控制、降低成本和质量保证的需求。因此，第一，IT 基础设施架构的高效整合应以计算、存储、网络和数据备份设备的虚拟化整合为核心，以产品整合、信息整合和业务整合为目标，将系统资源划分为资源池，进行统一调度、使用，以减少 IT 的基础设施、设备的冗余量，提高总体使用率；第二，对于图书馆数据中心的用户服务器、数据存储集群系统和网络传输平台硬件等基础设施的虚拟化整合，坚持安全、高效、可靠、低碳和可扩展的原则，确保大数据资源整合平台可依据用户的服务需求，进行数据的访问、发现、清洗、集成和交付；第三，IT 基础设施架构的高效整合与优化，应坚持统一数据环境和统一数据架构的原则，确保图书馆可在统一整合标准、动态和透明的环境中，安全、灵活、快速地部署、支持、管理和无缝访问所有数据；第四，图书馆在数据中心 IT 基础设施架构优化中，应保证 IT 基础设施架构具备较强的灵活性、服务弹性和异构环境适应性，可根据未来的数据环境特点和整合需求进行灵活的扩展和伸缩，并具有智能、自动化的管理功能。

## （二）利用云计算技术确保数据整合的高效和经济

根据数据的重要性和对图书馆用户服务质量影响力的大小，大数据资源可划分为服务系统运营与安全监控数据、用户个体特征与社会关系数据、用户阅读需求与行为隐私数据、用户位置信息与行为预测等高安全级别的数据，以及系统运行日志、阅读服务数据、用户群需求数据、服务环境分析数据和客户关系保障等安全级别低的数据。这些大数据资源具有数据总量增加快、时效性强、存储与搜索难度大等特点。

首先，可以用自建私有云和租赁云服务商服务的方式，依靠外部云数据托管系统来存储和备份数据，以减少 IT 基础设施硬件、软件的系统建设和数据整合成本。其次，图书馆应将安全级别较高的数据存放在私有云中，如果因经济与技术实力等原因必须存放在公有云中，则应与云服务商签署科学、详细的数据存储、维护和灾难恢复协议，明确双方的权利和职责。最后，所构建的云数据库应具备较强的数据管理、搜索、分析和依据用户需求构建数据模型的功能，不能影响整合数据的查询、下载和应用效率。

# 第二节　高校图书馆门户网站平台建设

## 一、高校图书馆门户网站的内容建设

高校图书馆门户网站的内容建设主要包括以下几个方面：

### （一）网站内容介绍

1. 内容概述

图书馆网站包含的内容可概括如下：

（1）书目检索（OPAC）

书目检索通常分为普通书目检索、特色馆藏检索。检索结果大致有馆藏地点、条码号、索书号、编目数据、借阅状态以及登记预约情况等。检索途径以题名、责任者、分类号、主题词 JSBN 为主，有的网站用关键词进行题名检索。

（2）电子资源检索

电子资源检索包括自建数据库和购买的国内外各种数据库、电子书刊等。

（3）简介及服务指南

简介及服务指南的主要内容包括本馆简介、馆藏介绍、人员构成、机构设置、服务项目、服务设施、开馆时间、规章制度及本馆动态、用户活动安排、各种联系方式等方面。

（4）导读栏目

导读栏目包括新书通报、用户荐购、阅读推荐等，各网站的这类栏目基本上都具有相似的内容。

（5）网络资源导航

网络资源导航是指各类站点的链接，主要链接的站点包括搜索引擎、网上书店、网上报刊、教育网站，网络资源导航可帮助用户仅通过图书馆网站就可以查询和使用各类网上信息资源。

（6）教学与培训

高校图书馆有提升师生信息素养的教学任务，常借助网站开展相关教育活动，如在线课程学习、在线培训、在线考试系统支持等。

（7）交流互动

交流互动包括用户论坛、在线咨询、社交网站等，方便用户发表意见、交流读书心得、咨询问题等，是馆员与用户之间多向交流的重要途径。

（8）帮助中心

帮助中心包括常见问题解答、校外访问说明、核心期刊指南等，帮助用户有效利用图书馆资源，为用户提供使用指南，解决用户的困惑。

综上所述，图书馆网站的内容一般概括为简介、服务、资源、帮助四大类。

2. 内容特点

网站内容一般分为动态内容和静态内容。动态内容是网站中的主体部分，是需要定期更新的内容，也是用户主要查阅的内容，它以交互的方式实现表现。图书馆网站的内容应该具有以下特点：

（1）互动性

网站必须提供互动的功能，用以接收用户的建议，让使用者有发表意见的空间，作为网站未来发展的重要参考。

（2）内容丰富、多样化

提高使用者的忠诚度与兴趣，丰富网页的内容，使其具有一定的参考价值，并且引起用户的兴趣。

（3）提供查询功能

网站的导览必须完全生效。网站最好能提供馆藏分类、检索服务等功能，协助用户快速查询信息。

（4）及时更新

网站内容要及时更新，才不会让用户对内容失去兴趣。

（5）特殊效果

网页可增加多媒体效果，如运用语音或视频，来提高吸引力。

（6）简单化设计

网站必须以"用户都是计算机初学者"的立场去设计，切忌使用接口设计得太过复杂。

（7）独特性

网站需要提供使用者在其他网站享受不到的方便与服务。

（8）高质量

不断地提高信息的质量，并且能够随时提供更有用的信息。

一个理想的图书馆网站应达到六个标准：内容丰富、查询便利、信息可筛选、能满足需求、有品牌信誉、可互动参与。另外，图书馆网站在内容设计时一定要突出本馆的特色服务项目。

## （二）网站内容审查

网站的审查内容包括如下几个方面：

1. 理清网站已有的内容及来源

要确定图书馆网站的内容，首要工作是理清已有的内容。内容审查就是对网站已发布的所有内容进行统计。内容审查一般是包括两种方式：定量内容清单和定性评估。清单说明了"都有哪些内容"，评估则回答了"这些内容是否合适"。

内容审查能为用户提供大量有用的信息，并起到以下作用：

第一，使你能够清楚地了解自己拥有哪些内容及这些内容都发布在什么位置。即便你只打算进行简单的内容维护或是移除一些内容。

第二，帮你确定内容范围，为网站构建合适的栏目。

第三，在内容开发阶段，可以作为源内容的参照，这对内容创建人员设计内容文案是非常有用的。

2. 电子表格：审查的有力武器

以前的图书馆网站审查很简单，只要在电子表格中按照导航系统层级列出一个简单的网页列表即可。然而如今的内容审查已经变得复杂了很多，网站内容不只存在于网站的一个单独页面上，甚至根本不在自己的网站上。尽管如此，电子表格仍然是大多数审查会使用到的。

图书馆网站大多是传统型的，按照一个固定的导航方案与特定的页面链接，审查时用最基础的电子表格就可以满足需求。

首先，列出网站的主要部分，将其作为首层"父"（或一级）部分。其次，在每个主要部分下面列出其从属页面和模块，作为"子"（或二级、三级等）部分或每个主要部分的包含部分。然后按照组织文档大纲的方式来对网站的内容进行编号，为每个页面和组件分配一个唯一的数字编号（如1.0、1.1、

1.1.1），这样你就能更清楚地了解到每部分内容都分别属于网站的哪个部分了。如果网站内容针对不同用户有分级，还可以在 ID 号的末尾增加编号。

3.定量审查：最基本的调查方法

通过定量审查可以弄清楚网站中有哪些内容、内容发布在哪里，并将网站的网页数量、动态内容模块、可下载的 PDF 文件、视频和其他发布在网站上的内容制作成清单。在定量审查中，根据审查目标确定需要记录的内容及数据。常见的定量审查中需要记录的数据清单如下：

（1）标题／主题

记录网页页面的标题和段落小标题。如果网页没有标题，就对该页面所谈论的话题进行简短说明并记录下来。

（2）身份认证码

为每一个网页内容分配一个身份识别号码或者代码（通俗来说就是编号），以便分析时进行查询。

（3）格式

记录下内容存储的格式，如文本格式、视频格式、PDF 等。

（4）来源

将每个网页内容的创建者、运作者、发布者记录下来。

（5）网页地址

仅记录有效的网页地址。

（6）访问统计

记录有多少人访问了该网页并对网页内容做出响应，这可以帮助到用户判断网页内容的价值。

（7）技术支持

图书馆网站往往拥有多个服务器和平台，要记录内容存在什么地方，比如是存在内容管理系统中，还是通过 API（应用程序编程接口）将内容送入网站。

（8）最后更新

大多数内容管理系统记录着最后一次更新的日期，这些信息会暗示该内容的重要性以及内容工作流程。

4.定性审查：更为深入的审查方法

通过定性审查，可以了解页面内容以及这些内容是否对用户有用。定性审查要对内容进行有效性分析，审查人必须查看每页内容并进行评估。定性审查有两种形式。①策略评估。一旦在某处开始执行一种策略，策略评估将帮助你了解现有的内容与该策略的适用性。策略评估能够对实用性评估和具体的策略标准进行综合考虑。②实用性评估。实用性评估能够帮助我们了解内容是否有用、能用、受欢迎，以及是否能说服用户，以方便后台服务人员对其进行适当的调整。它主要是以外人（非内容参与者）的角度来评估内容，看是否具有实用性及是否满足用户需求。

以下是定性审查中的策略评估和实用性评估所需要考察的因素：

（1）知识水平

考查重点包括内容是否科学，是否过于复杂，用户在此之前需要掌握多少知识才能读懂内容，是否清楚什么内容是针对博士水平的用户，而什么内容又是针对初学者的。

（2）可用性

在线内容的可用性是关键。可用性的考查重点包括评估每页的内容段落是长还是短，是否有小标题，是否有太多的文本链接或者链接不足，是否有错字的存在，图片的质量是否较差等。

（3）可行动性

考查重点为当用户看完网页内容后，他们接下来会有怎样的行动。

（4）可寻性

如果没人能找到内容，那么就谈不上内容的有用性和可用性了。可寻性的考查重点包括目标关键词在网络搜索引擎中的表现怎么样，站内搜索引擎运转情况如何。

（5）准确性

错误或者过期的内容会误导用户，令人尴尬。在内容审查工作中，要找出哪些是错误或是过期的内容。

（6）用户分级

网站的不同页面针对不同的用户，应该为用户进行分级，为每页内容选出主要的和次要的用户。

## （三）网站内容策略

1.内容策略的内涵

内容就是用户在网站即将读到、学习到的东西。内容策略能为内容创意、内容发布及内容管理计划提供指导和帮助。内容策略有以下几个特点：①内容策略为内容的整个生命周期（从创建到消失）提供指导意见。②内容策略确定应该如何使内容满足用户的需求。③内容策略建立评判内容是否成功的测量标准。

内容策略"四元图"（见图 1-1）展示了它的主要构成：

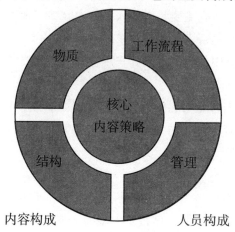

图 1-1 内容策略"四元图"

（1）物质

物质是我们需要什么类型的内容（包括主题、字体、来源等）及这些内容需要传达什么信息。

（2）结构

结构即内容安排的形式、优先级及内容是如何组织和展示的（包括信息架构、元数据、数据模型、链接的策略等）。

（3）工作流程

工作流程即发布成功的内容，不断维持其质量所需的过程、工具和人力资源。

（4）管理

管理涉及以下问题：如何对有关内容和内容策略做关键性的决策，改变是如何形成并达成共识的。

物质和结构的关系是潜在的。当为网站添加内容时，网站的结构也会随之发生变化。但是内容策略仅仅是列出设定计划、指导方针、日程安排以及内容所要达到的目标，而不是开发那些实质性的内容。

2. 内容需求分析

针对用户内容的分析要了解用户的目标和行为：他们在做什么；他们感觉怎么样；他们擅长做什么。用户浏览网站一半都是凭自身的兴趣爱好，因此我们必须要思考用户究竟想要的是什么。要想了解用户想要什么内容及他们如何与网站交互，有非常多的方法，比如：

（1）用户调查

一系列的多项选择题、填空题和开放式问答题。

（2）用户访谈

与用户进行深入的、结构性的谈话，通常是在人群中进行。

（3）网站分析

对网站的用户数量进行详细的统计。

（4）多元测试

在现有网站的重要页面上执行不同的版本，对这些不同的版本进行比较。

（5）搜索和关键词分析

对用户在搜索引擎上输入的关键词进行测试，对其在站内搜索时输入的关键词进行测试。

（6）社会和声誉分析

对用户在网络上对网站的评论进行测试。

（7）交流分析

对用户如何与咨询人员取得联系进行测试。

网站分析是最受欢迎的方法之一，通过分析软件就可以评估人们如何与内容进行交互，但是利用不好的话会产生误导作用。例如，一些页面的流量很少，但这并不代表用户不想看见该页面，也可能是不知道该页面的存在。所以分析只是获取信息的一种方式，使用不同种类的评估方法将有助于全面了解内容。另外，还可以分析和评估同类网站上的内容，观察同类网站的命名和组织方式，看其都包含了哪些主题。

3. 内容开发流程

从内容需求的提出到内容的发布，需要按照一套工作流程来创建网站的内容。这套工作流程可能是标准化的，也可能不是，甚至可能还没有形成文档说明。内容的发布可能是规划好的，也可能是临时决定的。要把工作流程设计得具有可控性，最好将其分解成四个板块。每个板块包括①维护已有的内容；②创建和收集新内容；③评估内容的有效性；④管理所有内容的创建、策划、维护活动。

从内容构想到内容发布的整个过程中，可能会有很多人参与其中：

（1）内容提供者

内容提供者负责提供并维护原始内容，以帮助创建人员创建网站内容。

（2）创建者

创建者负责网站内容（文本、图像、音频和视频）的实际开发。

（3）需求者

需求者提出创建、更新或移除网站内容的需求。

（4）发布者

发布者将内容发布到网上，发布可以通过编码、内容管理系统、博客或者其他技术手段实现。

（5）评审者

评审者是在内容正式发布之前必须就部分或全部内容征求其评审意见的人。

在内容创建到内容发布的过程中，需要编制文档。例如：①每当加入了新的内容，需要对旧的内容进行校正的时候，应该详细地记载做出修改的原因。②记录那些关于内容来源和类型的信息，以使未来进行排列、重新使用、修正和扩充内容的时候变得更加简单。③使用分析工具来了解所使用的内容资源，随时追踪和重新使用内容资源及思考如何构建内容，来促进再次利用。

4. 内容维护与管理

一旦将内容发布到了网上，就要一直去维护内容的准确性、一致性、时效性。换句话说，不应该只关注内容的上线情况，更要考虑内容的整个生命周期，并对整个维护过程进行记录。

（1）及时更新内容

网站新内容的不断推出以及用户自行创建内容的不断增多等都会促使网站不断膨胀。如果你花半分钟时间随机浏览一个网站，就会看到到处是过时的服务说明、无效的链接。像这种网站内容中途失效的情形举不胜举，这是因为网站制作者没有及时更新。因此，网站的内容并非越多越好，发布的内容越多，需要跟踪维护的内容也就越多。另外，较少的内容也更易于用户使用，太多的内容意味着很难搜索到简洁而有效的信息。

（2）让内容被搜索引擎收录

元数据是有关数据的数据。元数据有助于站内搜索引擎和内容管理系统去组织内容，并在最合适的时间和地点交付用户所需的内容。在考察元数据的结构时，必须确保其属性，确保能够以直观的方式组织内容，能准确反映内容，与内容类型和题目保持一致。

（3）定时检查链接，确保能正常工作

可以给测试者提供一张检查列表，列表中可包含以下检测：

①损坏的链接

损坏的链接即不能正常工作的链接。

②失败的链接

链接指向错误信息，链接到错误的页面，或者双向链接不能让用户返回至开始的地方。

③不必要的链接

不必要的链接指失败的链接，指向的信息用户已经知晓，或者不能引起他们的兴趣。比如，链接提供了某个词语的定义，但这个词语大多数用户已经知晓。

④不清楚的链接

不清楚的链接指不能清楚地与其他文字进行区分的链接。

## （四）网站功能分析

互联网的迅速发展以及在社会各个方面的广泛应用，使得图书馆在为用户服务的内容和方式上有了新的变化。高校图书馆网站的地位越来越重要，有着自己独特的功能和目标。一个好的图书馆网站，不仅要反映本馆的文献信息资源开发与建设状况，而且还应该要能够反映本馆的服务方式、服务内容与服务水平状况，成为用户使用图书馆的重要窗口。

1. 功能概述

图书馆网站是联系图书馆与用户的平台，具有以下四个方面的功能：

（1）馆藏资源利用功能

通过网站，用户不但能快捷地使用书刊借阅、查询、续借等功能，还能在数据库中直接下载各种电子资源，使资源获取变得方便快捷。

（2）信息传递功能

通过网站，可以向用户传递各种信息，包括图书馆概况、服务内容与方式、部门功能、馆藏情况、规章制度以及快速及时地通报信息等。网站可以成为很好的信息发布平台，避免用户来馆或电话询问的麻烦。

（3）教育辅导功能

高校图书馆还肩负着提高师生信息素养的教学任务。通过网站可以开展诸如"怎样利用图书馆及其他情报部门""怎样获取所需的各类信息""如何利用获取的信息"的信息素养教学及培训。除此之外，网站上还有详细介绍各种数据库的使用说明、操作技巧以及使用图书馆过程中的常见问题解答等，具有教育、辅导用户的功能。

（4）联系用户功能

通过基于网站的留言板（BBS）、即时通信工具等，可以实现与用户之间的互动，方便接收用户的意见、建议，并为用户提供更深层次的信息咨询服务。

2.网站的交互性

交互性指网络用户能实时参与到信息交流中去，能根据自己的需要选择特定的服务。这种参与可以是有意识的询问，也可以是随机的、无意识的点击等行为。和强制性相比，若用户可以在一定程度上参与网站的建设过程，就可以缩短用户与网站的距离感，同时也大大减少网站对用户的回应时间。用户与网站之间的沟通手段也趋于多样化，用户可以方便地了解自己所需要的信息。同时，网站通过交互手段可以扩大网站的知名度，确定自己的用户群体。

通过网站的交互有人与人交互和人机交互两种。人与人的交互方式有电子邮件、论坛、聊天室等。人机交互方式有网上多媒体点歌播放、在线咨询、在线订购、在线预约等，这种交互性能增强网站作为综合实体的定位。网站的交互性可以为用户提供一个信息交流的平台，用户可以在网上结群聊天。网站的交互性可以分为以下两个层次：

（1）信息发布层次

这是互联网最初级的交互性，它有助于扩大网站的知名度和影响范围。这一层次的交互性体现在图书馆提供信息，而用户通过主动输入域名、搜索或者点击链接看到图书馆网站并浏览其提供的页面信息这一过程中。

（2）培养兴趣层次

这一层次的交互性体现在图书馆向用户提供相关信息，满足用户的兴趣需求，以便吸引用户；同时用户通过必要的参考信息的支持，可以更充分地认识图书馆的服务并确定自己的需求。在这一层次中，网页内容与形式设计尽量考虑用户的特征与需求，提供图书馆服务的各种信息，使用户访问页面后，可以通过搜索信息培养起对图书馆服务的进一步兴趣。

信息发布层次的交互要求有网页制作技术和网站宣传手段；培养兴趣层次要求在网站建设中有效地进行用户调查与网站经营效果分析，合理设计网站内容。

## （五）网站信息架构

网站的信息架构指网站内容的组织方式，最常用的内容组织方式是网站地图。网站地图是用与家族树相似的方式组织起来的网站层次结构。每个页面有一个父节点（网站层次中直接的上级页面），同时也有子节点（下级页面）和兄弟节点（相同级别的页面）。图书馆网站的内容结构要以用户为中心，以方便用户浏览。

1. 遵循用例流程的方法

越来越多的网站不再是传统的多页面，而是网页应用程序。这时需要创建一个用例来说明其内容结构。用例的制作可以采用书写形式或者插图形式来记录。用例除了记录主要流程，还应该指明过程中可能发生的异常，指出发生错误的地方，如当用户输入错误信号的时候，用例对复杂的任务如用户注册、找回丢失密码等有所帮助。以下用例是丢失密码的用户的恢复过程：

（1）主要方案（事情顺利时）

用户提供电子邮件地址；

系统验证电子邮件地址并且读取密码；

系统发送电子邮件到指定地址。

（2）异常（出现错误时）

没有输入电子邮件地址：用户被要求输入一个电子邮件地址。

电子邮件地址格式错误：用户被要求更改电子邮件地址。

电子邮件地址未找到：用户被告知地址不能找到并被要求重试或者注册。

上述用例包含了几种异常情况，每种异常都要求编写额外的代码和文稿。

如果没有用例，开发人员就无法掌握工作的范围，这些异常的未知事件就很容易被错过。

2. 通过卡片分拣构建网站结构

卡片分拣网站内容列表中，每个网页标题写在不同的卡片上，这些卡片被分为相关的组，从而创建一个栏目。进行卡片分拣的最简单方法往往是将这些卡片钉在墙上并且进行分类。可以在卡片上贴一张即时贴来标明组名，这样就可以尝试不同的方法和命名规则，直到成功为止。

为了提高效率，在对话开始之前，还可以将卡片进行预先初始分类，否则参与者在完全没有分类的起点开始工作时，会觉得卡片难以组织起来。当已经有一个结构评估时，参与者一般会觉得这个活动很轻松，并且能为组织结构提供建议。卡片分拣的方法能够鼓励参与者清楚地表达他们的想法，从而反映出他们的构思模型，这能使网站信息构架易于被用户浏览。

3. 网站结构中常见的错误

（1）导航栏的链接过多

导航栏上包含过多链接的网站结构是不正确的，因为用户会被过多的选项所迷惑。设计者必须确保某些内容不被深埋在网站中。另外，还有一个错误的概念，叫作"三次点击原则"。该原则认为，用户应该能在三次点击之内到达网站中的任何页面。其实，用户如果想要浏览内容，不会在乎多点击几次，所以不用担心内容被深埋的问题。一个好的网站应该提供各种导航工具帮助用户找到内容，如站内搜索、相关链接、标签等。

链接不要有太多的文字说明，也不要过多地解释链接将要去到的页面位置。用户只需要满足自己的需求即可，他们并不会过多地考虑所有细节。

（2）页面标题与栏目名称不一致

菜单栏的名称不要使用图书馆行业的专业术语。标题应该是描述性的，应使用朴素且简练的语言。理想状态下，所有菜单项不应该超过四个字。菜单栏上的标题和对应页面的标题名应该一致，在需要使用的页面标题比菜单项上的单词长的情况下，要确保两者互相对应。

（3）铲件

"铲件"指的是另外的媒介设计（比如印刷书籍）被直接填充到网络中，却没有根据网页对话方式对设计风格、交互体验等进行优化的项目。铲件非常容易识别，比如它缺乏合适的链接，致使页面中唯一的链接是翻页链接。网页中的一堆 PDF 文件也可能就是铲件。在网络上，"翻页器"也是一个带有嘲弄含义的术语。用这个词语描述的页面往往是内容没有很好地进行组织编排，整个内容结构以线性的方式进行架构，所以用户只能一次次地点击下一页的链接，非常不方便。

# 二、高校图书馆门户网站的网页设计

## （一）网站特征

高校图书馆门户网站应具有如下几个特征：

1. 即时性

网站的信息一经发布，用户应该就能立即使用。网页内容的修改与更新速度更是印刷品无法相比的。

网站能够对用户的网上行为做出即时的反应。例如，当用户填写完表格，点击"提交"按钮后，服务器就会自动回复"表格已经收到"，或者是表格有填写错误、遗漏的反馈信息。网站的即时性还体现在细小的用户体验上。例如，当鼠标扫过超级链接或导航按钮时，其状态的变化就是在给用户提供即时的信息反馈。

2. 互动性

印刷品的信息传递功能是单向的，虽然用户对信息会有自己的理解，但是用户与印刷品之间、用户与作者之间都没有互动，而网站所提供的信息交流却具有互动性这一特点。网络用户不再只是单纯地接收信息，他们也参与网上信息的写作与发布。个人的博客网站也成为互联网上一种重要的信息传播方式。许多门户网站还提供个性化的服务，用户可以选择自己感兴趣的信息内容来组建自己的个人空间。

3. 多样性

印刷品的结构和阅读方式是单一的。视觉语言主要是文字和图像。但是网站的信息结构不是单一的。网站的信息内容通过分类组合，形成栏目，每一个栏目分为不同的层面，各个栏目和各个层面之间又互相关联。许多网站提供不同的导航与浏览方式，来满足不同用户的浏览习惯，帮助用户迅速查询信息，如栏目导航、快速链接、搜索引擎以及各种辅助导航（路径条、网站地图、常见问题、工具栏等）。多样的浏览方式在为用户带来方便的同时，也为网站的导航设计增加了一定的难度。

随着互联网技术的发展，动画、音频和视频等多种媒体的运用也在逐渐增多。多媒体的运用不仅使网站的信息传播方式多样化，也给用户带来了与印刷品不同的视听体验。

### 4.不稳定性

印刷品的尺寸、图像、字体等各个细节都是由设计师决定的。与印刷品不同，网页的最终显示效果在某种程度上是由用户决定的。用户浏览网页时使用的计算机、用户的个人浏览习惯等因素都会影响网页的显示情况。首先，用户决定浏览器窗口的大小，因此网页的显示尺寸与页边距的宽窄就会因人而异。其次，用户还可以更改浏览器的默认设定。例如用户可以禁止弹出新窗口，还可以更改字体与字的颜色等。除此之外，计算机操作系统的不同也会造成网页显示的差异。例如，由于浏览器只能显示用户端计算机上所承载的字体，如果用户的计算机上没有网页所指定的字体，那么浏览器就会用默认字体来进行替代。所以，在设计优选字体样式表时，一定要考虑到各计算机平台的兼容性。最后，同一个网页在不同的浏览器上得到的显示效果也不同。设计师应该了解常用的浏览器之间的兼容性，并在网站的设计和程序编写过程中多做技术测试，避免出现浏览器错误的问题。

## （二）网站设计原则

### 1.以少胜多的简洁设计原则

一个简洁的网页设计风格会有助于用户对网页内容的迅速识别，网页中简单的图像比复杂的图像更容易被用户识别和记忆。简洁的图像的文件大小也比复杂的图像小，下载速度也更快。

复杂的网页需要用户花更多的时间去识别，这可能导致用户放弃浏览该网站，所以网页设计应该力求简洁。简洁的网页设计风格有助于提高网站的及时性、识别性、可用性和易接近性。

（1）及时性

简洁的网页几乎不需要用户有意识地努力去识别，就能及时地理解网站的内容和功能。

（2）识别性

简洁的网页比复杂的网页具有更好的识别性。

（3）可用性

简洁的网页简化了不必要的视觉元素和不重要的细节，从而使传达的信息内容更加清晰和突出。

（4）易接近性

简洁的网页能够帮助用户迅速适应并使用网站，也能够吸引用户进一步去浏览网站。

2.重点突出的视觉层次原则

视觉层次是指通过设计使视觉元素按它们所代表内容的重要程度在页面上形成主与次的顺序关系，并引导用户按主次顺序来浏览。用户会对网页视觉元素进行分类与组合，并通过它们之间的构成关系来识别理解。信息的分类与组合有助于用户理解页面内容，同时也是建立清晰的视觉层次的前提。

每个页面元素在视觉层次上的重要性是由它所传递信息内容的重要程度来决定的。一般情况下，一个以文字内容为主的网页可以大致分为（以从主到次的顺序）主题内容、导航和各种辅助信息三大类。许多设计原理和手法的应用都有助于视觉层次的建立。

3.自成一体的视觉系统原则

由统一的设计带来的重复性和规律性，简化了用户的识别过程，也提高了用户识别的速度。统一的设计还能够使网站具有熟悉性、可学习性和可预测性的优势，使用户能够迅速地理解和使用网站，甚至能够预测网页的构成和它的操作方式。

网页设计需要有统一的规划和创意来指导。统一的网页设计不只是对某个元素进行简单重复，而是通过各种因素的互相协调和一致应用形成的整体。统一的网页设计应该贯穿在网页的构成结构、视觉层次、色彩、字体、信息内容的格式、图像的运用和页面元素的具体设计等与视觉形象直接相关的设计内容中。统一的网页设计并不意味着千篇一律，视觉设计中的变化是进行信息分类和建立视觉层次的基本手段，也是用户观察、识别不同信息内容和重要程度的线索，同时也是吸引用户的注意力和保持他们兴趣的视觉亮点。只是这些对比变化是在一个统一的视觉系统内进行的，是根据信息内容的特征与重要程度、用户的需要和视觉传达设计的基本原理所进行的变化。

## （三）网页设计原理

1.邻近原理

邻近原理是指利用页面空间来组合视觉元素，即相关联的信息应该彼此靠近。临近设计原理的应用能使页面空间的运用更合理，所传递信息的分类更清晰，还能够保持页面的整洁，方便用户能够快速地阅读，也有助于视觉层次的建立。邻近原理的要点有接近、接触、重叠和联合：

（1）接近

接近是指视觉元素之间在空间距离上接近。视觉元素之间越接近，就越容易被我们归纳为同一类。

（2）接触

接触是指视觉元素之间接近到一定程度，其外形轮廓彼此接触，同时又明显地保持了各自的特点。互相接触的视觉元素很容易被视为同一类。

（3）重叠

重叠是指由互相交叠和包容的视觉元素所形成的集合关系。互相重叠的视觉元素会很自然地被视为同一类。

（4）联合

联合是指通过其他的、辅助性的视觉元素的运用来进行组合构成。联合设计手法的一个重要特征是在组合视觉元素的同时，增强了它们与其他视觉元素之间的对比。

2. 近似原理

近似原理强调通过相近似的视觉元素（大小、形状、颜色、肌理、方向等）来组合，以帮助推动和简化用户的识别过程。任何相同或近似的视觉要素都可以形成不同程度的近似结果，相同或近似的视觉要素越多，就越容易被归纳为一类。所以同类和相关的信息内容可以运用相同或近似的视觉要素来加强它们的共性，不同的信息内容或功能则运用不同的视觉特征来形成对比。近似原理在网页设计中的运用非常广泛。以主栏目导航的设计为例，通过统一的设计能够使名称不同、字数不等、图表符号也不同的主栏目导航按钮之间具有近似的视觉形象，而不是一组导航按钮。

在视觉要素中，大小的近似是最有效的近似设计手段。在一组简单的几何图形中，首先分辨出的是大与小两类图形，而不是形状不同的三类图形。在大小对比弱的情况下，形状的近似就可能成为构成近似的主要视觉要素。视觉元素在色彩与明度上的近似也能起到一定程度上的分类与组合的作用。

3. 平衡原理

平衡原理指在视觉感知经验中，倾向于寻求一种视觉上的平衡关系。平衡可以分为非对称式平衡与对称式平衡两大类：

（1）非对称式平衡

非对称平衡指不依靠中轴线两边相对应的图形来构成平衡，而以视觉元素之间在视觉重量上的均衡关系来构成平衡。视觉重量是指视觉元素吸引人的程度。颜色与大小不同的视觉元素具有不同的视觉重量或吸引力。通过设计原理的应用，能实现在不同视觉重量的图形之间构成平衡的视觉感受。

（2）对称式平衡

严格的对称式平衡是指中轴线两边相对应的图形完全重复。对称式平衡具有良好的外形，能够给人一种比较正式、有组织、有秩序的视觉感受。具有平衡感的网页设计风格能够给人完整和稳定的心理感受，也容易被用户理解与接受。由于网页长度与首屏大小的不确定性以及显示效果的可变性有关，严格的对称式平衡在网页构成设计中的运用较少，所以大多数网站是通过视觉元素之间在视觉重量上的平衡来构成近似对称或非对称的平衡效果。

4. 对齐原理

对齐原理是指在网页上有规律地排列视觉元素的一种构成原理。它不仅可以形成和谐的组合关系，还能够起到强调的作用。对齐也可以理解为视觉元素沿栅格的结构线来排列。在一条结构线上，对齐的视觉元素越多，这条结构线以及沿它所对齐的视觉元素就越引人注目。视觉元素之间的距离越近，组合力就越强，反之则越弱。对齐主要分为边缘对齐和中线对齐两大类。

5. 对比原理

人们对所看到的视觉元素之间差异的识别是立即的和不自觉的。对比原理强调通过视觉元素在大小、色彩、明度、肌理、形状、方向、位置等视觉要素上的变化来形成对比。对比的合理运用可以在视觉元素之间建立起相应的秩序，使重要的内容得到强调，并形成视线的焦点来引导用户视线的流动，从而有助于用户对网页内容的阅读与理解。常用的对比有色彩对比、大小对比、形状对比。

（1）色彩对比

色彩对比指运用颜色的差异来处理不同的信息内容和功能。色彩对比应遵循简洁的设计原则。如果两个或三个颜色（不同色相）的配搭能够满足网站的需要，就没有必要采用更多的颜色。复杂的色彩对比会使视觉元素之间互相竞争，影响到网页内容的有效传播。

（2）大小对比

大小对比不仅指图形在尺寸上的差异，还包括在比例上的差异。通过大小对比可以控制视觉元素的突出程度，并创造空间层次感。

（3）形状对比

形状对比有助于视觉层次和视觉兴趣的建立。形状对比不仅指图像之间在形状上的对比或图像中物体之间的形状对比，它还包括文字内容之间在形状上的对比以及它们与图像之间的对比。

6. 图与底原理

在设计中，引起人们注意的视觉元素被称为图，不是图的部分则被称为底，底通常又被称为背景。图与底之间的关系也不是绝对的。当一个页面上有多个视觉元素时，图与底的关系会随着我们视线侧重点的转移而发生变化。在网页设计中，不能只注重图的设计而忽视底的设计。在设计图的同时，也是在创造底。底的作用不仅是衬托图，而且也使图容易被识别，它也可能转化为图。

7. 特异原理

在重复或相似的图形中，如果其中的一个图形具有完全不同的视觉要素或特征，那么这个图形就与其他的图形形成了强烈的对比。这一特殊的对比现象就被称为特异，特异原理在网页设计中的运用非常普遍。例如，正文中嵌入式的文字链接、主栏目导航中用户当前所在栏目的提示、页码中当前页的提示等都是运用特异原理来表达的。

8. 重复原理

视觉元素在色彩、形状、线条、肌理、方向、位置、题材以及风格上的相同都可以构成重复。重复原理指视觉元素在形象特征和构成关系上的重复运用。例如，网站 ID、页脚、导航系统、字体与大小、栅格与版式、色彩搭配、视觉层次等在设计和应用上的一致都是重复原理的实际应用。

9. 强调原理

强调原理指突出或削弱视觉元素的影响力，其目的是建立清晰的视觉层次并引导用户视线。该原理可以从主导元素和次要元素两个方面来进行分析。主导元素是在页面构成中最突出的视觉元素，它通常是页面上的视觉中心。而其他附属的视觉元素则为次要元素，在网页构成中主要起辅助作用。

10. 延续原理

延续原理指通过视觉元素的方向性来引导观者的视线。许多具有方向性的视觉元素以及元素之间的构成关系都可以起到引导观者视线的作用。该原理的主要构成手法有视线方向、运动方向和透视方向。

（1）运动方向

运动方向构成手法指利用具有方向性的视觉元素来引导视线的流动，如江河、道路、树干等具象元素以及线条、箭头、点的排列等具有方向感的抽象元素。

（2）视线方向

视线方向构成手法指通过图像中的人或动物的眼神的方向来引导用户的

视线。

（3）透视方向

透视方向构成手法指通过物体的透视来吸引用户的视线。

## （四）网页界面的设计

网页界面的设计包括以下几方面的内容：

1. 页首设计

页首指网页的顶部，通常由标志、网站名称、介绍、辅助工具栏、插图等组成。页首往往是用户视线流动的第一个焦点，是网页设计中非常重要的部分。

网站的页首还有插图或背景色，一般与页脚内的插图相互呼应，构成统一的整体风格。

网站的名称通常紧跟在标志之后，两者共同构成网站 ID，最常见的布局位置是页首的左上角。

工具栏由不属于网站主要信息结构的重要链接组成，如"帮助""常见问题""网站地图""购物车""登录"等内容，它们通常被归纳为一组，是为用户提供辅助性服务的导航工具，通常位于页首的右上角。

2. 页脚设计

网页的页脚的位置是在网页主体内容以下，它主要包括版权声明、联系方式以及其他的辅助性导航和内容。有的页脚只有一行版权声明，有的则包含较多的内容和链接。随着网页信息量的增加，页脚在信息内容和功能安排上开始有扩展的趋势。

3. 网站导航设计

导航系统是网站信息结构在网页上视觉化的体现。导航的基本方式可以归纳为栏目导航、搜索引擎、路径条、快捷链接、索引导航、页码导航、网站地图、嵌入式链接等。网站的导航系统把网站上的内容和功能都按类别、分层次地联系在一起，使用户能够更加方便灵活地在网站上搜索信息。

导航系统必须在布局、视觉表现、互动方式上都保持一致，使用户能够迅速地预测和识别网站导航系统的操作方式。同时，导航系统的视觉表现设计也影响着网站的设计风格。

（1）栏目导航

栏目导航指以树形的信息结构为基础的导航方式。它按信息结构的层次分为主导航（也称为一级导航）、二级导航、三级导航……以此类推。主栏目导航和工具栏一般在每一页上都重复出现，也被称为环站导航。

（2）辅助导航

在栏目式的层级导航以外，用于帮助用户使用网站的辅助性导航工具，被称为辅助导航，如工具栏、快捷链接、路径条和页脚内链接等。快捷链接是用户最常用的链接，最常见的形式是下滑式菜单，其存在于首页上，能够使用户在直接点击后迅速跳转到目标网页。路径条的作用是按信息结构的层次提示用户当前位置。嵌入式的文字链接是在信息结构和管理上都比较松散的辅助导航。嵌入式文字链接的设置具有很大程度的个人因素，如果使用不当，可能会造成信息结构的混乱。因此嵌入式文字链接在设计上的统一性很重要。

（3）搜索引擎

许多用户已经形成直接使用搜索引擎的浏览习惯，推荐网站提供搜索功能。用户对输入框和其后紧跟的"搜索"按钮的搭配组合已经非常熟悉，甚至在没有"搜索"按钮的情况下，用户也都知道输入框的功能，以及可以通过按回车键来进行搜索的操作。

4. 内容区设计

网页设计的目的是在于能够更好地传递内容区的主体信息，在实际操作中，普遍存在忽略内容区的设计，而把设计重点放在页首、导航按钮，甚至背景图设计上的问题。内容区是页面上用来展示主体信息内容的区域。内容区应根据内容的复杂程度来规划和设计出合理的栅格系统，以满足不同的展示需要。同时，还需要按网页内容的重要程度来建立视觉层次，使网页的信息内容实现主次分明。

5. 网页宽度

网页的大小会因为用户端计算机屏幕的显示分辨率和用户浏览习惯的不同而发生变化。在进行网页设计之前，需要了解网页的宽度和高度的可变性。

在网页设计的过程中主要有两种限定网页宽度的方法。一种是采用自适应的网页宽度，即页面的宽度会随着浏览器窗口宽度的变化而变化。宽度自适应布局又分为流体布局和弹性布局两种。另一种是根据目标用户群的计算机屏幕的显示分辨率来设置一个固定的页面宽度。从可用性的角度来考虑，页面并不是越宽越好，因为当每行的文字数过多时，文字的易读性也会受到影响。

6. 网页页面布局

网页设计过程中需要通过对页面的分割来合理地运用页面空间，从而有效地组织网页的内容。各类视觉传达设计和艺术形式所总结的构图原则和规律都可以应用到网页的构成设计中。

（1）网页设计中的栅格系统

栅格是由一系列的辅助线索组成的框架式结构系统，用于指导视觉元素的排列、定位和大小规格，其功能与平面构成中的骨骼、绘画中的构图结构线近似。网页栅格系统的定义为以规则的网格阵列来指导和规范网页中的版面布局以及信息分布。对网页设计人员来说，栅格系统的使用可以让网页上的信息更加美观易读，更具可用性。无论栅格在页面上是可见的还是隐形的，它都是网站设计中不可缺少的结构系统。

栅格系统还能够帮助设计师更快、更好地利用页面空间，处理各个视觉元素的布局，从而提高工作效率。当多位设计师共同设计一个网站时，栅格系统的运用将有助于设计师之间的合作，保持网站设计风格的一致性。同时，栅格系统的运用也有利于网站的后期维护。

（2）网页的基本布局

①小布局

设计网站时，主要针对首页、栏目首页和信息内容等几个最重要的页面进行信息安排。其他页面将以它们为基础，从信息变化形式上有针对性地进行细节调整。小布局也可以说是细节上的布局。可以把网页看成是由多个小板块组合而成的，通常要注意的是标题与内容的关系以及这些板块的位置。比如最核心的内容不要放在最顶、最下或是最中间，而要放在顶部与中间的中部位置。

②大布局

网页的布局基本分为上下、左右、左中右、上中下与上下左右混合几类。在确定网页布局类型的时候，最需要注意的就是网站的内容结构。

这是直接影响网页布局结构和导航结构的要素，也是在确定网页布局结构的类型时必须要注意的项目。网页布局设计的最终目的是为使用者提供便利的使用环境。同时，我们还要考虑分辨率与网页大小的关系。网页本身也会与浏览器产生视觉对比。因此，设计时应留下空隙页面，不要塞满浏览器页面。

对于上下或左右结构的网页布局，不能上下或左右平分，而是最好采用黄金分割比来对其进行划分。如果是上中下或左中右结构，同样不能平分，要注意三者之间的关系。对于上中下结构，中间部分的比例应尽量大些。

在处理图片的时候也会用到布局，要考虑的问题包括文字放在什么地方，标志放在什么地方等，以上所说布局规范在此也同样适用。

由此可以看出，网页布局中最重要的就是内容及信息构架。

## （五）网页视觉特效

网页视觉特效包括以下几个方面：

1. 网页字体

文字是网络信息传递的主要形式。如何运用不同的字体、字横、样式、字重、色彩、排版来组织和传递信息是网页设计中需要关注的重要问题。

（1）网页安全字体

网页安全字体指那些跨计算机平台的、每个计算机都承载的字体。

（2）层叠样式表

层叠样式表（CSS）可以用来设置字体，控制网页的样式。它可以按字体的优先级别，从高到低依次指定一组字体。其长处是当用户端计算机没有安装首选的、排在第一位的字体时，浏览器使会自动采用第二组的字体，以此类推。因此，在 CSS 中应该把最理想的字体排在首位，并且在其中包含安全字体，在最后还需要指定字体的基本类别，以保证在用户端没有任何优先字体的情况下依然能够显示正确的字体类别。

（3）网页嵌入式字体

虽然 CSS 给网页字体的运用带来了一定的灵活性，但是字体的选择仍然局限于用户端计算机所安装的字体，可以用网页嵌入式字体和网页字体替代技术使网页字体的运用摆脱这种局限。网页嵌入式字体是指把装载在服务器上的字体嵌入网页，使浏览器能够显示出用户端计算机上没有安装的字体。

网页字体替代技术（SIFR）是通过 Flash JavaScript 和 CSS 的综合运用，将字体嵌入网页中的，它不受浏览器和计算机平台的限制，也不需要任何服务器的语言支持。用该技术处理的文字内容能够被选择和复制，屏幕阅读器也能够阅读。如果用户端的计算机没有安装 Flash 插件或者不支持 JavaScript，浏览器则会自动显示 CCS 所指定的网页安全字体。

2. 网页色彩

计算机屏幕和其他电子显示设备是以加色混色的方法来复制颜色的，它完全不同于绘画和印刷所采用的减色混色的方法。加色混色是通过光直接在一个物体的表面产生颜色，即由光源本身直接构成了我们所看到的颜色。加色混色的色彩是由红色、绿色、蓝色的光以不同的比例和强度混合在一起形成的，它们也被称为色光的三原色。

（1）色彩标注

网页色彩有三种标注方法，分别是十六进位制代码、十进位制代码、色彩名称。

十六进位制标注方式采用数字 0 ～ 9 和字母 A ～ F 来表示颜色代码，共有 6 位代码组成，分 3 组，每组有 2 位代码，分别标注红色、绿色、蓝色（RRGGBB），每种颜色可以使用从 0 至 255 共 256 个阶调值，即"00"代表 0，"FF"代表 255。例如"#000000"为黑色，"#FFFFFF"为白色，"#FF0000"为红色。十六进位制的标注方式是最常用的色彩标注方式。

网页色彩的十进制标注方法使用三个整数或三个百分号来代表红、绿、蓝三色的阶调值，如红色可以标注为"RGB（255.0.0）"或"RGB（100%，0%，0%）"。

网页色彩也可以直接用颜色的名称来标注。HTML 4.01 支持 16 个标准颜色，如红色可以标注为"color : red"。

（2）网页安全色

网页安全色的形成和应用始于 20 世纪 90 年代中期。由于当时大多数计算机使用的是 8 位色彩深度的视频卡，只能显示 256 个颜色，并且有 40 个颜色在跨平台使用时不能取得一致的显示效果，而为了避免出现色彩显示错误，网页安全色共有 216 个。随着网络技术的不断发展，大多数用户的计算机都使用 24 位或 32 位色彩深度的视频卡，因而在一般情况下已经不需要担心用户的计算机是否能够显示正确的颜色的问题。

（3）网页色彩搭配

色彩在网页设计中的重要性是无法低估的。网页的色彩在传达信息、表达美感、吸引用户的同时，也在塑造着网站的整体形象。

网页界面的用色要力求精简，在有限的颜色中充分利用对比与和谐的基本法则来进行色彩搭配。网页的色彩搭配需要形成一个统一的风格，必须通过栏目之间色彩运用的规律性和其他要素的一致性来保证网站设计的整体性。

网页颜色的选择与搭配必须与网站的内容和功能相适应，也需要考虑用户的审美情趣和对颜色的喜好。因此在网页设计中需要一个明确的创意，并由它来统一指导和安排网站设计的各个方面，其中包括色彩的搭配。

3. 网页多媒体

多媒体指网站上常用的文本、图形、动画、音频、视频等多种信息载体。

（1）动画

动画是一系列静态图像按顺序依次显示，使人产生连续变化的错觉的图画。通过实时拍摄所得到的每帧图像的连贯放映则被称为视频。

网络动画既可以用于传递网页的主体信息，又适用于其他的辅助性内容，如按钮的互动状态或动态的图标提示等界面元素。动态的文字也属于动画的范畴，如网络动态广告中的文字处理。

常用的动画格式有以下几种：

GIF（扩展名：.gif）是互联网上最早也最容易制作的动画形式。GIF 动画的图像帧数一般较少，可以减少文件的大小并缩短下载的时间。它的不足之处是不能与音响合成，也不能提供互动的功能。

Flash 格式（扩展名：.swf）是针对网络多媒体的需要而设计产生的动画格式。Adobe Flash 软件能够编辑处理 Flash 格式的动画，也能够输出 Quick-Time（后缀名为 .mov）格式的动画。Flash 动画还具有互动的功能，它所需要的插件在 99% 以上具有上网功能的计算机中都能加载。

此外，还有通过 Java 应用程序创作的动画以及一些存为视频格式的动画。

（2）音频

音频大致可以分为语音、音乐、非语音的音响效果（包括自然界的各种声音）三类。音频作为非视觉的信息传递方式，不占用网页空间，可以在网站上独立使用。

在网站设计中，背景音响效果不能与网页主体内容争抢用户的注意力，最好选择比较安静、温和的音频，并且应该给用户提供开关和控制音量大小的途径。

常用的音频格式有以下几种：

实时音频（RealAudio，扩展名：.ra、.ram）是针对网络传输带宽的局限而设计的，高压缩比例和容错性是它的主要目标，音质列在其次。实时音频能够根据用户的带宽情况来自动调整音频文件的压缩比例，并且使音频在网络上的传送和播放能够同步进行。

MP3 格式（扩展名：.mp3）实际上是 MPEG 视频格式的音响部分。它的压缩功能强大，文件下载速度快、兼容性好，是目前网络上最流行的音乐格式。

WMA 格式（扩展名：.wma）是微软公司开发的一种音频数据压缩技术，

文件体积比 MP3 格式小。大多数播放器都支持这一格式，ipod 除外。

此外，还有 AIF、AU、WAV、MID 等其他格式。

（3）视频

在信息的容量、传递的及时性、覆盖面广度以及互动体验上，网络视频都比电视上的视频具有更大的优势。网络视频的制作与播放都相对比较复杂，网络视频的运用还必须考虑到计算机平台的兼容性和带宽的限制。

常用的视频格式有以下几种：

MPEG 格式（扩展名：.mpg）能够通过微软的 Windows Media Player 和苹果公司的 QuickTime 播放器来播放，具有很好的兼容性。其不足之处是文件较大。

Flash 格式（扩展名：.swf 或 .fly）具有最佳的兼容性和可使用性。它的图像效果好，文件小，是最常用的网络视频。如 YouTube 和 Google 等网站都使用 Flash 格式的视频。

QuickTime（扩展名：.mov）是由苹果公司开发的视频格式。它既可以在网上使用 QuickTime 播放器直接播放，又可以下载后再播放。

此外，还有 WMV、MP4、AVI、ASF 等其他格式的视频。

4. 网页图像

网页图像通常指通过网站发布的任何形式的图片，如各种标志、摄影、插图、图表、背景、广告、按钮等。网页图像作为信息内容的重要载体，具有直观性的特点。

（1）图像的分类及特征

网页图像可以简单地分为矢量与点阵两大类。矢量图像是以描述的方式，通过图像上每个点之间的数学关系和连接它们的路径来记录和渲染图像。它的质量不会受到图像的尺寸和分辨率的影响。点阵图像是由一系列的像素点直接组成的，当图像放大后就会产生模糊和锯齿的情况，不能保证图像的质量。网页设计一般采用的都是点阵图像。

用于印刷的图像分辨率通常为 300 dpi，像素体积也很大，如一个 7 平方英寸的图像文件往往有十几个兆（MB）。网页图像不需要如此高的像素，因为计算机屏幕的分辨率只有 72 dpi 或 96 dpi，另外网页图像体积越大，下载的时间也就越长。所以，网页图像一般都需要进行压缩。

有损耗压缩通过删除图像中的数据信息来压缩图像的体积。图像的压缩比例越大，质量也就越低。经过压缩处理的图像文件也不可能恢复到原始图像的质量。

无损耗压缩技术不会删除图像的数据信息，其优点是能够较好地保存图像的质量，但是它的压缩比例较低。

网页上常用的图像格式有采用有损耗压缩技术的 JPEG 和 GIF 格式，也有采用无损耗压缩技术的 PNG 格式。

JPEG 格式（后缀名为 .jpg）的图像支持 24 位的色彩深度，即 16777216 个颜色，它一般适用于写实摄影类图片、游戏截图、电影剧照以及那些有丰富的色调和明暗变化的复杂图像的压缩处理。与之相对的，它不适用于色彩与明暗对比强烈、有细线条的简单图形。

GIF（后缀名为 .gif）图像支持 8 位的色彩深度，即 256 个颜色。GIF 支持透明背景和动画。它适用于简单的平面图像和文字，而不适用于写实类的摄影和有许多细节的图像。

PNG 格式（后缀名为 .png）是为了替代 GIF 开发的无损耗压缩技术。PNG 格式的图像支持 24 位的色彩深度和透明背景，该格式适用于压缩处理文字、平面插图、漫画、桌面系统上的各种截图以及各类复杂的图像。

（2）网页图像的设计

网页图像按其功能与作用可以分为内容插图、背景图、界面图、广告、装饰图和图像格式的文字等。

内容插图是指那些直接传递网页信息内容的图像，例如新闻图片、网站 Logo 等图像。内容插图在传递信息的同时，对网站的形象、个性风格以及每个网页的构成和色调、视觉层次、视觉平衡、实现焦点的形成都有直接的影响，是网页设计中不可忽视的重要环节。

界面图主要指用于帮助用户使用网站中的各种图像，如网站导航系统中的按钮与图标等。界面图既可以是页面上相对独立的构成单位，又可以与其他的页面元素融为一体，其设计和运用必须保持一致，否则界面图就不能起到协助用户正确使用网站的作用，反而会给用户造成一定的困扰，也不利于网站整体形象的建立。

背景图可以分为整页背景和局部背景两大类，其主要功能是衬托主体内容和烘托气氛。可以通过背景图的运用来划分页面区域，以帮助信息内容的分类与组合。在背景图的运用中要分清主次，背景图不可喧宾夺主，更不能影响网站的可用性。当网页的文字与背景图重叠时，需要注意背景图的繁简程度和颜色搭配，以确保文字的易读性。

图像格式的文字并非严格意义上的图像，它是为了突破网页安全字体的局限而采用的文字处理方式。从设计的角度来看，图像格式的文字其实可以使用任何字体，也可以使用排版相对稳定的页面。从可用性的角度来看，用户不能改变其字体、大小和颜色，也不能对文字的内容进行选择和复制，屏幕阅读机也无法直接阅读图像中的文字内容。除此之外，图像格式的文字下载时间比 HTML 文字下载时间长，制作与改动也较复杂，后期维护也需要更大的投入。

基于以上原因，并不提倡使用图像格式的文字，如果由于特殊的原因需要以图像的方式来处理个别的文字，在设计中应该遵循字体排版设计的基本原则，尤其要注意文字的可读性。特殊美术字的选择和设计也要与网站所传递的信息内容及功能相符合，并且与网站的整体风格相协调。

图像的运用是为了更好地传递信息和表达思想感情，使网页更具吸引力，操作更便捷。因而图像的设计与运用一定要有目的性，要服从网站的总体策划和整体效果设计，不能单纯为了美观而影响信息的传递，损害网站的可用性。图像的运用要条理清晰、层次分明，否则会分散用户的注意力，甚至使整个页面杂乱无章。图像的含义也应该简单明了，使用户能够迅速、正确地理解相关意义。

## （六）网页设计误区

### 1. 网站的版面设计

我国高校图书馆大多采用了页面顶部为网站标题，标题下方为 3~5 个矩形进行分割的模块的形式，模块主次和内容的划分则是根据各馆的喜好。这种矩形分割的方式给人稳定、平和的感觉，但平铺直叙的板块分布缺乏主次和节奏感。另外，在网站的检索、登录设计方面，应该更为鲜明，便于用户利用。导航栏的设计则存在栏目页面过窄、文字字号偏小的问题，应合理设计导航栏宽度，集中凸显关键信息。

### 2. 网站的色彩选择与搭配

图书馆网站页面的设计理论即塑造可人为观看的艺术形象的造型艺术。目前普遍运用于计算机网站的用户界面（以下简称 UI）建设中的方法就是视觉艺术的一种。UI 理论认为好界面将极大地提高用户使用产品的愉悦感，帮助用户很快地掌握产品的使用方法。该理论要求网站建设者运用空间、色彩布局等原理，结合网站的功能需求以及平衡、对比、呼应、疏密等平面设计手段，构建出符合用户视觉审美的网站。

在色彩的选择和搭配方面，有些图书馆选择了单色调，试图体现出高校图书馆的学术性风格，但这样的设计给人的感觉是缺乏生气。还有的图书馆网站的色彩搭配缺乏层次感，网站个性化特征不明显，难以给用户留下深刻印象。

图书馆网站的设计大多只重视内容的实用性，而并没有在美学方面下功夫。网站的设计要充分考虑用户的审美需求，让用户拥有更加愉快地心情进行浏览，因此要重视图书馆的视觉吸引力。

# 第三节　高校图书馆管理环境分析

21世纪，信息化、网络化、数字化飞速发展，高校图书馆面临着前所未有的机遇和挑战。为顺应社会发展的潮流，跟上时代的步伐，高校图书馆必须要坚持管理创新，并从管理理念、人员素质、管理模式、服务内容等方面入手，进行积极的改革和探索。

信息技术融入图书馆建设后，极大地促进了图书馆向现代化、信息化方向的发展。我国图书馆也逐步引入信息技术，图书馆文献信息的加工整理和传播速度均得到大大提高，图书馆建设也迈出了新的一步。

## 一、关于图书馆信息化

信息化成为科技发展、经济活跃和社会进步的象征，信息化在人类精神文明方面引导着世界文明的发展进程。图书馆不仅收藏了各民族自身的文化遗产，同时也收藏了国际化的自然科学、人文社会科学等信息与知识。这些信息与知识绝大部分是以文字、图表的形式记录在各种纸质载体上。在这种以印刷品为主要管理对象的图书馆里，无论对阅读者还是图书管理员来说，检索、借阅和管理都是很不方便的。而电子计算机的诞生，特别是当计算机用于事务管理，这给信息化建设无疑带来了巨大的变革。图书馆作为信息收藏中心，自然是最早的受益者，不过在早期只是用计算机进行简单的文字处理和内部业务管理，图书馆的运作依然没有本质上的改变。直到第二次信息技术革命，网络时代的出现，给整个世界在信息资源共享与传输带来了质的飞跃，图书馆也在这次浪潮中逐渐发生了质的变化。

图书馆信息化，就是将信息技术运用到图书馆的日常工作中，合理运用图书馆的各种资源，优化人员工作流程，使图书馆的功能更强、收益更大，为用户提供更加优质信息服务。

## 二、图书馆信息化进程

我国图书馆信息化历程可大致分为三个阶段：

### （一）图书馆自动化管理集成系统发展阶段

在 20 世纪 80 年代初，图书馆信息化的概念就是以图书馆内部业务处理为核心的图书馆管理自动化。这一阶段是传统图书馆业务流程的自动化，最先从图书馆采、分、编、典、流的业务流程展开，并用自动化技术强化图书馆内部业务的管理。在这一时期，图书馆自动化软件的研发也逐渐展开，开始了面向用户的文献信息服务自动化。

1. 图书馆自动化管理系统的开发与引进

20 世纪 80 年代以来，汉字信息处理技术逐渐成熟，被引入图书馆系统之中，图书馆信息化发展得越来越快。国内一些软件公司和图书馆开始自行研发图书馆系统软件，并实现了商品化，如北京现代文津信息技术研究中心的"文津系统"、深圳大学图书馆的图书馆自动化管理集成系统（SULCMIS）、北京大学图书馆自动化集成系统（PULAIS）等。

除了运用国内的软件之外，个别图书馆还引进了国外研制得较为先进的图书馆管理软件，如中国科学院文献情报中心引进的 TOTALS 系统、北京师范大学图书馆引进以色列的 ALEPH 系统、上海图书馆引进的 HORIZON 系统等。这些软件的引进也推动了我国图书馆管理软件的发展。

2. 标准化工作

行业标准化对一个行业的稳定健康发展至关重要，图书馆对其标准化工作也极度重视。全国图书馆界在广泛使用《中国图书馆图书分类法》《文献主题标引规则》《文献著录准则》等的同时，也十分重视图书馆自动化过程中的标准制定与推广工作，近些年也完成了几项比较重要的工作。

3. 数据库建设

（1）书目数据库

书目数据是图书馆自动化的基础。1995 年，文化部组织建立了中国国家书目回溯数据库系统，并与中国国家书目数据中心制作发行的中国国家书目数据库合并形成一个完整的并不断更新补充的中国国家书目数据库，现中文图书书目数据量已超过 110 万条。此外，还出版发行了新中国成立 50 年中文图书书目光盘（1949—1999），该光盘共收录图书 100 万册。

（2）中西文连续出版物联合目录数据库

中西文连续出版物联合目录数据库是由中国科学院文献情报中心牵头的一项大规模的文献数据处理工程，其主要是报道期刊馆藏信息的书目型文献数据库。

（3）中文报刊索引篇名数据库

中文报刊索引篇名数据库由上海图书馆独立开发。

## （二）图书馆网络化发展与文献信息资源共建共享阶段

图书馆自动化是图书馆网络化的前提。如果没有图书馆的自动化，就谈不上图书馆网络化。但仅仅具有个性化特征，而局限于特定化服务的图书馆自动化是不够的，难以满足当今用户的信息需求。

1. 电子阅览室的建立与互联网的连接

随着互联网技术的广泛应用，传统图书馆的服务方式和手段已不能满足读者的需求，因此图书馆纷纷加强了信息网络的建设，图书馆文献信息的存储与使用发生了很大的变化。有条件的图书馆陆续建立了电子阅览室或多媒体阅览室，读者在电子阅览室中就可以方便地接通互联网，利用互联网查询到更多的知识信息。很多图书馆实现了局域网与互联网的连接，能将本馆的信息资源传送到网上，最大限度地实现资源共享。

2. 图书馆联合编目

1997 年，国家图书馆组建全国图书馆联合编目中心，图书馆与出版发行商共同对出版的文献进行编目，实现了网上编目资源共享，推动了编目的标准化和规范化进程。

3. 文献信息资源共建共享工作的开展

信息技术的发展为各级各类图书馆信息网络和文献资源数字化的建设奠定了基础。1999 年，全国文献信息资源共建共享协调委员会成立，推动了全国各地文献信息资源的共建共享工作。各级各类图书馆积极合作，建立共建共享协作关系。2000 年，北京召开"中文文献资源共建共享合作会议"，内地（大陆）与港、澳、台以及海外华人进行了多个文献信息合作项目，取得了全球范围内中文文献资源共建共享工作的重大突破。

### （三）数字图书馆的研究与建设阶段

数字图书馆是使人们能够智能地在全球网络上存取信息的若干联合机构的总称。尽管这一概念出现时间不长，但人们对它的界定可以说是"仁者见仁，智者见智"，目前国内外专家学者对这一概念还没有达成统一的认识。人们常常从数字图书馆的某一特性入手给予界定或概括，似乎不同的人对数字图书馆也有着不同的认识。不管是谁最先提出的"数字图书馆"，这一概念也已经以迅雷不及掩耳之势深入人们的生活。

数字图书馆是未来图书馆发展的方向。当前，数字图书馆建设的浪潮正在全球掀起，数字图书馆成为衡量一国信息基础设施水平的重要标志。研究和建设数字图书馆对我国信息传播有重要作用，这不仅能够扩大互联网上中文信息的数量，还能进一步提升图书馆的服务能力。

# 第四节　高校图书馆硬件系统创新管理

图书馆数字化的发展对信息基础设施建设提出了更高的要求，从而推动了图书馆服务器虚拟化的进程。服务器虚拟化业务量，不仅提高了效率、节约了成本，同时也保证了稳定性。

## 一、服务器虚拟化技术

服务器虚拟化的原理是对物理资源进行抽象处理，并将物理机处理为抽象的逻辑资源池，并以此建立虚拟服务器。虚拟服务器能够简化系统管理过程，动态地分配资源，提高物理资源的利用率。利用集群技术，虚拟化可以将 CPU、内存、网卡、存储、I/O 等硬件抽象为资源，并且在虚拟资源池上运行的多个虚拟机还不会受到硬件设备故障的影响。

## 二、服务器虚拟化带来的好处

虚拟化平台是通过软件将一些独立的物理机器抽象成资源池，某一台物理机的故障不影响整个资源池的运行，因此虚拟服务器更加稳定。在虚拟化之后，所有的数据都将被存储在共享存储中，即使服务器被破坏，应用程序也可以很快恢复，这就使虚拟服务器具备更高的安全性。

虚拟化环境简化了服务器的管理过程。在服务器虚拟化之前，增加一台服务器需要经过多个流程，如申报、购买、安装等。在虚拟化之后，几分钟便能创建一个服务器。对于以前的物理服务器而言，采用迁移技术，可以很容易地将物理服务器迁移到虚拟化平台而不需重新部署。

虚拟化利于高效节能。在虚拟化后，大量服务器集中在虚拟主机上，节省了机房占地、服务器能耗、空调以及人力损耗等方面的用度。

# 三、以 vSphere 服务器虚拟化软件为例

vSphere 是常用的服务器虚拟化软件，接下来将会对 vSphere 服务器虚拟化软件进行详细介绍。

## （一）虚拟化环境的逻辑结构

vSphere 软件虚拟化环境逻辑结构由 ESX4.1、vCenter Server 和 vSphereClient H 部分组成。ESX4.1 部署在物理服务器之上；虚拟客户机运行于 ESX4.1 之上，作为虚拟化服务器的基础架构；vCenter Server 套件能对 VMware vSphere 环境进行有效控制和管理、部署虚拟机并监控其性能；vSphere Client 既能对 VMware vSphere 环境进行集中管理，也可作为 ESX Server 单独的管理配置工具来连接 vCenter Server 服务器。

## （二）ESX Server 4.1 安装、初始化配置和简单应用

1. 安装 ESX Server 4.1 前的准备

关于软件准备，首先是需要购买 VMware vSphere 产品。通过 VMware 官方网站下载 ESX Server4.1 软件安装包，并购买软件的序列号。在购买软件之前需要先注册 VMware 官网账号，通过 VMware 账号可以管理购买的序列号，以及对序列号的版本进行相应的更改。

关于硬件准备，即安装系统前的准备，主要是对连接 ESX 主机的交换机的两个出外网的端口进行设置，每一个 ESX 服务器都有四个网卡，在交换机上将需要出外网的端口改成 trunk 模式。这样做是因为在 vCenter Server 中也有自己虚拟的交换机，这样的连接相当于是两个交换机连接，物理的交换机

和 ESX 主机内部虚拟的交换机连接，所以需要把连接 ESX 主机的交换机的端口改成 trunk 模式。

2. 安装 ESX Server 4.1 系统

ESX Server 4.1 系统安装过程比较简单，把 ESX 光盘放入光驱当中，重启机器，选择光驱启动，按照提示一步步操作就即可。在安装过程中会提示输入 ESX 主机的 IP 地址、网关 hostname（如：ex005）、域（library, ecnu, edu, cn）还有服务器的密码，这些需要在安装之前就准备好。在安装过程中配置好的 IP 地址、用户名和密码是用来对 ESX 主机进行管理使用的，并且在下一步把 ESX 主机加入 vCenter Server 也是需要 ESX 主机的 IP 地址、用户名和密码。

ESX 主机的管理有两种方式：第一种是直接在浏览器里输入 IP 地址来进行管理（例如 https：//ip）；第二种方式是通过 WMware 对 ESX 主机进行管理的客户端软件 vSphere Client。

## （三）vCenter 的安装、初始化配置和简单应用

1.VMware vCenter Server 的安装

vCenter Server 需要在 VMware 官网上下载与购买序列号，才能够安装在物理机和虚拟机上。此处介绍的是 vCenter Server 安装在物理机上的步骤。vCenter Server 要安装在物理机的 Windows Server 2003（64 位）服务器上，计算机名应与 host 文件里的名称保持一致。

安装好 vCenter Server 之后，还需要安装 vSphere Client 来对 vCenter Server 进行管理。同样，可在官网上下载 vSphere Client 软件。vSphere Client 有两种安装方式：一种是安装在 vCenter Server 服务器上，另一种是安装在其他电脑上对 vCenter Server 的管理通过操作系统的 IP 地址来实现，输入用户名和密码，登录之后，就能对 vCenter Server 进行管理。

2. 通过 vCenter Server 添加 ESX Server 主机

进入 vCenter 管理主页之后，在清单里面打开主机和集群。在第一次打开时，左侧会有 svctag-gs4xvlx 标签。右击它选择新建数据中心，再在数据中心下面建立主机集群，建好主机集群后就可以在主机集群里添加 ESX 主机。

3. 对 ESX Server 主机进行网络配置

主机添加完成后，还需要对主机的网络进行配置。打开网络配置窗口。每一台主机的四块网卡需要三个 IP 地址。

对 ESXerver 主机进行 DNS 和路由器配置，只有 DNS 和路由器配置正确，才能连接网络。在软件栏中选择 DNS 和路由器，点击右上角的属性，设置分配给主机的 DNS 和路由器。

## （四）ESX 主机与 SAN 存储的连接及对虚拟机的操作

### 1.ESX 主机与 SAN 存储的连接

SAN 为 ESX 主机提供共享存储，是把主机后面 HBA 卡的号码添加到 SAN 中，然后打开 vSphere Client，选中要连接 SAN 的主机，接着打开配置标签、选择存储器、打开存储器管理界面。

### 2.添加虚拟机、虚拟机的克隆和使用模板部署虚拟机

右击主机和集群中的主机，选择添加虚拟机，弹出对话框。

框中添加并配置虚拟机的名称、内存、磁盘、CPU 等相关信息，并在弹出的对话框中选择克隆，就会复制出一台虚拟机，并将它转化为模板，这样一来以后部署的虚拟机就能直接按照模板来进行。

## （五）物理机迁移和动态资源分配

### 1.热迁移和冷迁移

ESX 主机配置好之后，剩下的工作就是需要把物理机迁移到 ESX 主机上。热迁移使用 VMware 公司提供的 VMware vCenter Converter Standalone Client 工具来完成，需要在物理机开机的状态下完成。冷迁移使用 VMware 的迁移光盘启动需要迁移的物理机，再把冷迁移的镜像文件下载下来刻录成光盘，然后使用光盘启动需要迁移的物理机，配置好 IP 地址，就可以完成迁移过程，这些都需要在物理机关机状态下完成。Linux 操作系统就需要采取冷迁移的方法，在迁移 Linux 操作系统时需要配置迁移助手。迁移助手需要配置一个 IP 地址，这个 IP 地址需要要能够连接 ESX 主机和要迁移的物理机。

### 2.动态资源分配（DRS）

在 vSphere Client 中右击群集，选择编辑设置，就可以打开 DRS，修改原来的默认自动化级别为手动，就能将不需要在多台 ESX 主机之间切换的虚拟机进行动态资源分配。这常用在一些需要加密锁的虚拟机上。

## （六）虚拟化环境的管理

### 1.通过 vSphere Client 管理 license

登录 vSphere Client，然后选择主页—系统管理—许可，在许可里可以对

vCenter、ESX 进行注册、管理等操作。

2. 开关机

开机操作顺序如下：先开存储—通过开机键，打开四台主机，等待 10 分钟左右—打开 vCenter 服务器—通过 vCenter 查看主机的状态—退出维护模式—依次开启虚拟机。

关机操作顺序如下：关闭虚拟机—使主机进入维护模式—关闭主机—关闭 vCenter—关闭存储，进入维护模式（注意：进入维护模式的时候，系统会提示是否将主机上的虚拟机迁移到其他虚拟机上，此时应选择否，否则虚拟机就会被迁移到其他主机上）。

3. 打开或关闭虚拟主机的方法

用 root 用户登录到 ESX 服务器；

输入 "cd/etc/ssh"；

输入 "vi sshd_config"；

找到包含 "PermitRoot Login no" 的一行，把 "no" 改成 "yes"（按 A 键进行编辑更改）；

按 ESC 键（取消编辑功能），然后按 Shift+ :键，再输入 "wq" 来保存设置；

重启 SSH 服务。如果要关闭 SSH，则将 "yes" 改成 "no"。

## （七）故障处理

第一，若 ESX 主机内部的虚拟机全部不能出外网，则需要检查 "出外网" 的网卡对应的交换机的端口是不是 trunk 模式，若不是 trunk 模式，则需要在交换机上把对应的端口改为 trunk 模式。

第二，若 ESX 操作系统不能安装则可能存在如下问题：由于主机的内存需要平均分配在每一个 CPU 上，如果 CPU 上面没有内存，则不能进行安装。

ESX 主机的密码丢失解决方案：添加新的 LUN 到 ESX 主机。为了确保所添加的 LUN 中的数据是不需要的，可以通过裸设备映射的方法来使用 LUN，这样添加到 ESX 主机的 LUN 就不会被格式化，然后新建一台虚拟机，通过这台虚拟机就可以查看对应的 LUN 上的原有数据。

新添加了一台虚拟主机，没有连接共享存储，导致其他的主机 HA 无法打开。

当虚拟主机网络中断时，如果虚拟化环境的 HA 是开启的，将会导致所有虚拟机重启，解决办法是在需要做网络调整的时候关闭 HA。

# 第二章　信息管理及服务的创新

## 第一节　信息服务的创新理论

### 一、信息服务创新的动力

#### （一）用户信息需求的多样化是信息服务创新的内在驱动力

如今，知识在不断更新，文献的增长和老化速度也在逐渐加快。建立在印刷型文献之上的传统信息服务，已不能满足新形势下用户的信息需求。尤其是在网络环境下，用户的信息需求有了新的特点，具体表现为以下方面：

1.信息需求的开放化和社会化

随着知识经济的发展，用户的信息需求满足已经不再单纯地依赖某一个图书馆，而是可向多个信息服务机构提出信息需求，由多个信息服务机构协同满足，同时也可实现文献信息资源的共享。

2.信息需求的全方位化和综合化

用户对文献信息的需求不再局限于书目信息，而是迫切地需要内容全面、类型完整、形式多样、来源广泛的知识信息。这就要求现代图书馆能够提供全方位的知识保障，开展综合性的信息服务业务。

3.信息需求的电子化和网络化

随着信息技术的发展，用户的信息获取和利用能力也得到提升，用户已不再满足于传统的手工操作服务，而是希望所提供的服务能够利用计算机和网络完成。

4.信息需求的个性化和精品化

由于用户时间、精力和经费有限，因此希望图书馆提供的信息服务能直接解决其面临的问题，个性化和精品意识得到增强。

5.信息需求的层次化和微观化

面对众多的信息资源，用户需要的只是自己感兴趣的那一小部分信息，其需求逐步趋向微观化。同时，因为需要的不同，不同用户也有不同层次的需求。

6.信息需求的集成化和高效化

信息用户不再满足于一般性的基础服务，而是更加要求对文献信息的深层次开发，将各个信息单元集中起来加以利用，同时，对信息的时效性也提出了更高的要求。

总之，知识经济环境下，用户的信息需求无论是在广度上还是在深度上都产生了量和质的变化，这种变化无疑给以"用户为中心"的现代图书馆以内在的驱动，要求传统的文献信息服务模式必须实现革命性的创新与转型，改变以往的服务观念和模式，从"以馆藏为中心""以馆员为中心"向真正"以用户为中心"的服务模式转变，创新服务内容，变革服务手段，提高信息获取、处理能力，及时将信息传递给用户，以适应用户不断变化的信息需求。

## （二）激烈的信息服务市场竞争是信息服务创新的外在驱动力

在以印刷型文献为主要信息载体的时代，图书馆以其丰富的馆藏和较熟练的文献服务技能两大优势，在社会信息服务体系中占据主导地位。但是，在知识经济时代，信息服务日益社会化、网络化、个性化，在社会信息服务的大系统中，图书馆的主导地位日益削弱，其生存也面临着严峻挑战，因此，信息服务环境的变化迫使图书馆必须进行改革和创新。虽然在改革开放后，图书馆也逐步走向社会、面向市场，并参与信息服务市场的竞争，但随着社会信息化程度的加深，信息存取和利用更加自由，商业界大量介入以往只能由图书馆和信息中心提供的信息服务，越来越多的个人和企业涉足信息服务业，他们以更具特色的服务吸引着广大用户，与图书情报机构激烈地争夺着用户资源，使得图书馆成为信息服务市场众多竞争者中的一员。在激烈的信息服务市场中，面对用户不断变化的信息需求，图书馆的现有信息服务逐渐失去了其争夺用户、开发市场和持续发展的能力，这就要求图书馆对信息服务系统重新进行定位，深入研究用户的真正需求，以用户为中心开展服务，形成新的服务体系。

在信息服务市场中，市场的竞争也就是服务的竞争，谁发现了需求，谁有了服务创意和产品创新，谁就会获得用户，谁就会拥有信息市场。因此，作为拥有多方优势的图书馆就要以用户的需求为导向，以服务创新来维系市场，从以管理资源为主转为以经营服务为主，创新服务观念、服务模式和管理体系，通过不断地开发和创新服务来适应市场竞争的需要。在激烈的信息服务市场中，除了同其他信息服务机构进行竞争外，图书馆之间也有竞争，这就要看谁能够不断地推陈出新，谁能够提供更具特色的个性化信息服务，谁就能在竞争中立于不败之地。所以，图书馆信息服务的创新是缓解外在压力的主要途径，也是适应市场竞争的需要，所以各图书馆唯有不断地创新服务产品，才能固守原有用户，发展潜在用户，在信息服务市场中树立良好服务品牌形象。

## （三）图书馆的可持续发展是信息服务创新的根本动力

在以信息产业为主导的知识经济时代，知识将取代权力和资本，成为最重要的社会经济资源。而作为拥有丰富知识信息资源的图书馆，知识经济的发展无疑给其带来了新的发展动力、机遇和发展前景，但同时也带来了新的挑战。随着"知识经济"浪潮的兴起，要求图书馆利用知识资源为经济建设服务，将科学技术和经营管理的知识推广到经济建设中去。图书馆事业要想在新的经济环境中保持可持续发展，就必须要适应环境的变化，不断地改革和创新信息服务，以取得更大的社会效益，同时也从中获得较好的经济效益，保证图书馆事业的不断发展。

社会的信息化和信息服务的社会化，对图书馆的生存和发展提出了严峻挑战，主要表现为新增的信息服务行业和机构不断增多，图书馆原有的读者逐步流失，僵化的、浅层的文献服务与社会需求严重脱节，削弱了图书馆的地位。在信息化、网络化的知识经济时代，人们不再满足于简单的、初级的文献信息需求，而是开始向更高层次的知识信息需求转变，表现为对新知识愈发渴望。因此，要求图书馆不应仅是一个单纯的收藏、整理和利用文献的相对封闭的系统，而应当是一个以传递信息为主的全面开放的系统。新服务系统对信息服务手段、信息服务内容、信息获取的时效性，以及信息服务人员的素质等都提出了更新的要求。这就要求对图书馆服务不断地进行变革和创新：由以前的相对被动向现代主动进取服务转化，从单一的服务向多样化的服务转化，从馆内服务向远程服务转化，从低层次的服务向高层次的服务转化等。

## 二、信息服务创新的原则

### （一）客观性原则

用户接受服务，利用信息资源是用来指导客观实践活动的，它要求图书馆提供的信息要保持"原创性"，所以，信息服务的创新要立足于信息的本质，保持提供的深层加工信息与原信息在本质上一致，坚持实事求是的客观性创新原则。客观性原则能充分体现信息服务的"客观性"，它要求图书馆提供服务的产品信息所包含的内容要与添加、整合前的原本信息的内容在本质上相吻合，趋于一致，也就是信息服务中提供给用户的信息及信息产品必须反映客观事物的本质属性。尽可能客观、全面地揭示信息资源的各个知识点和有价值的知识单元，客观地反映出信息资源的原貌，不做人为的添加或拔高，提供所谓的"新"服务，避免原本信息在内容上有改变。只有这样，才能形成高质量的二、三次信息产品，真正满足用户的信息需求。

### （二）持续性原则

信息服务的创新是一个系统工程，是整个社会创新系统中的子系统，不是一蹴而就的，它需要漫长的发展过程，因此要坚持持续性原则。知识经济的不断发展、社会信息资源环境的不断变化、信息技术的不断完善、用户信息需求的不断增长、图书馆事业发展的需要等多方面原因促使图书馆信息服务也要跟上时代步伐，不断推陈出新，要可持续性地发展。持续性原则还表现为信息服务的创新，要将过去、现在和未来相结合，将局部和全局相结合，将当前和长远相结合。只有持续性地创新各项服务内容和模式，才能赢得用户的信任，才能收获良好的社会效益，才能在激烈的服务市场中站稳脚跟。

### （三）协调性原则

创新是系统内各个相关因素相互作用的结果，它其中包括观念创新、服务创新、技术创新、人员素质创新和管理体制创新等。各个要素是相辅相成、共同发展的，因此，要坚持协调性原则。现代图书馆的信息服务与传统图书馆的信息服务在信息资源形式、信息服务形式和服务对象等几个方面都发生了根本性的变化，比原来服务环境更加复杂，系统内的任何一个创新要素都是不可缺少的。所以，要全面地考虑各个方面，不能顾此失彼，要充分协调好各个环节和要素之间的关系，发挥系统功能的优势。协调性原则还体现为积极发展网络信息服务时，要兼顾传统信息服务的拓展，使二者能够协调发展。

## （四）适用性原则

创新的目的是为用户提供更贴切、更满意的服务，是以用户的需求为出发点的，因此，新型的服务必须符合用户的要求，适合用户解决问题，讲究适用性。倘若新型服务与用户问题的解决关系不大，那么其类型再多、内容再新颖，也毫无意义和价值。所以，应根据用户的知识结构、认知规律、思维能力、使用习惯等来创新服务，一切围绕解决用户的实际问题来进行开展，只有这样，新的服务内容才能赢得用户，才能赢得相应的市场。

## （五）特色性原则

特色化的个性信息服务是图书馆信息服务的发展重点和趋势。在庞大的信息资源中，用户的信息需求更加趋向微观化和个性化，因此，信息服务的创新要有针对性和特色，针对个性化的信息用户，创新推出有特色的信息服务。没有特色就难以生存和发展，特色也就意味着在创新过程中要有所选择。它要求在信息内容的加工和处理上，要尽可能地贴近和适应个性化用户的知识结构、智力储备和利用信息的环境，针对用户要解决的问题，提供更精确答案。特色性原则还体现在提供与其他信息服务机构有区别的信息服务。利用特色信息服务来吸引更多的潜在用户，树立品牌服务形象。

## （六）效益性原则

图书馆信息服务的效益体现为广泛的社会效益和一定的经济效益。图书馆服务是一项公益性事业，因此以社会效益为主，并通过自身服务能力来体现。创新就是要提升其信息服务能力，提高社会效益，但由于技术的改善、数字化资源的改进、参考咨询服务系统的建立、网络资源的维护和更新等都需要一定的经费来维持，而目前大多数图书馆还是靠上级拨款，故而资金十分有限，因此在服务创新过程中要考虑成本问题，力争低成本、高收益。在成本和效益之间寻找新的平衡点，使新的信息服务不仅适用，而且更实用。

信息服务创新是一个综合性概念，它贯穿于信息服务的整个过程，包括服务观念的革新、信息资源的建设和开发、信息产品的研制和加工、信息服务方法的运用、用户需求的挖掘和满足等各个方面。信息服务的创新就是要用全新的服务理念指导创新型的服务工作，为用户提供创新型的信息产品。由此可以看出，创新既是社会发展、人类知识创造的本质体现，也是维系图书馆信息服务"生命之树常青"的机制保障。

# 三、信息服务创新的思想及方式方法

## （一）信息生命周期与信息服务创新

### 1.信息生命周期的提出

信息是有生命的，信息资源是一种具有生命周期的资源，信息生命周期是指信息活动的自然规律，它一般由信息需求的确定以及信息资源的生产、采集、传播、处理、存储和利用等阶段所组成。当今社会，信息每年以成倍的速度在增长。信息同其他事物一样，并不是一个一成不变的元素，它也像我们人类的生命一样有一个产生、发展和消亡的过程。信息从它产生的那一刻起，就自然而然地进入了一个循环，经过收集、复制、访问、迁移、删除等多个步骤，最终完成一个生命周期，周而复始。信息的生命周期根据划分的标准不一，可划分为不同的阶段，可以根据价值变化或作用变化来对其进行划分，也可以根据利用的次数或使用频率来划分。最常见的就是流行的"六分法"，将信息的生命周期分为信息的采集、存储、传输、加工、使用和销毁六个阶段。

信息是流动的，只有在流动中才能发挥其价值和作用。流动着的信息有无序和有序之分，而只有有序的信息流对用户才有用，要想让信息有序地流动起来，就必然要对其进行必要的管理，也就是对信息生命周期进行管理。信息生命周期管理是世界各国数据存储管理供应商提出的数据存储新理念，是一种信息管理新模型。它力图对信息进行贯穿其整个生命周期的管理，从创建和使用到归档和处理。信息生命周期管理的目的在于帮助客户在信息生命的不同阶段以最低的成本获得最大的价值，换句话说，也就是根据信息在不同阶段的价值和作用不同，对其进行不同程度的管理。管理的目的是提供更好的服务，对图书馆来说，将生命周期管理理念用于馆藏资源的建设和管理，国内外已有专家学者对其进行关注和研究。对馆藏资源管理的目的是为信息服务提供基础，至此可做进一步延伸，将信息生命周期与图书馆信息服务直接融合在一起，根据信息在不同阶段的价值，提供不同的服务内容，使信息资源的价值能够得到最大化的利用。

2. 馆藏信息资源生命周期与信息服务创新

与传统图书馆相比，现代图书馆馆藏的内涵已发生很大变化。用户的多种需求使得馆藏的含义超越了印刷型文献的范畴，扩展到各种电子出版物、数字化信息资源，包含了各种不同的信息格式，以及各种信息类型，如应用软件、全文信息和多媒体等。此外，馆藏内涵的变化还体现在外部信息资源逐步成为图书馆的"虚拟馆藏"，也就是说，如今完整的馆藏概念应为"实体馆藏＋虚拟馆藏"。不同的馆藏资源其生命周期阶段划分大致相同，都经过了采集、存储、传输、加工、使用和销毁等几个阶段，但由于周期长短不一，故在不同阶段其处理的思维、方式和方法也不尽相同。例如，传统文献的信息生命周期较长，尤其是生产周期长，大量信息在生产传递的过程中已非常陈旧，就无法满足用户对信息新、快、精、准的要求。而一些网络信息更新周期比较短、传播速度快，对这种动态性和变化性较强的信息资源的管理就显得十分困难，必须用新的管理系统进行规范管理。数字化图书馆近年来也开始关注这种变化对馆藏质量的影响，开始从不同角度捕捉信息生命周期数据来对其进行管理。

信息资源的生命周期即信息资源的有效期，过了有效期，其生命就会结束，就要失去价值。也就是说，并非所有的信息永远都是有价值的信息，信息会随着科技的发展、社会的变迁而贬值或丧失价值，馆藏信息资源也是如此，在其整个发展过程中，其价值和作用与用户的需求有着必然的内在联系。因此，其价值和作用存在阶段性的差异，这种差异也决定了不能用同一种方式去管理它们。在实际工作中，这种基于信息生命周期对馆藏资源进行分级、分类管理的思想早已出现，如根据图书的流通率进行的图书三线典藏，体现了依据价值存放与服务的理念。图书馆馆藏由闭架到开架的创新，也同样体现了根据用户需求进行科学存储的思想。

　　图书馆信息服务创新的基础即丰富的馆藏信息资源，馆藏信息资源建设和管理的水平直接影响着服务的创新能力。研究馆藏信息资源的生命周期不仅可用于指导图书馆馆藏资源的建设和管理，而且也有利于在信息资源生命周期内通过用户的利用使其价值得到最大化的利用，使其以最低的成本获得最大的服务效益。信息生命周期中的每个信息所处的阶段都与信息服务息息相关，针对不同的阶段，采取不同的处理方法，可针对性地提高服务的质量。如在信息采集时，利用信息的第一时间性，加快采集进度，为用户提供及时的服务；科学合理地存储不同类型的馆藏信息资源，提高信息服务的可获得性；通过加工，延长信息生命周期，提高信息服务的层次，扩展信息服务的内容等。

## （二）知识管理与信息服务创新

### 1.图书馆知识管理的内容

　　图书馆知识管理是指运用知识管理理论与方法，合理配置和使用图书馆各种资源，充分满足用户不断变化的多样信息需求，并提升图书馆的各项职能和更好地发挥其作用的过程。其主要内容有两方面：一是用知识管理体系管理图书馆工作；二是用知识管理思想指导图书馆服务。前者体现为不仅对图书馆所拥有的现实信息资源、网上虚拟资源进行结构化和有序化处理，即对显性知识的有序化组织，以便建立知识库，供用户使用；也包括对员工头脑中的工作经验和专业技能等内在的非具体的信息资源的开发和利用，即对隐性知识的发掘。同时，将显性知识与隐性知识纳入同一共享体系，有效地完成知识的组织、传递、开发和利用，以便将最有用的知识在最恰当的时间传递给最需要的用户。后者体现为将知识管理理念和机制真正运用到服务工作中去，以知识和信息作为桥梁和纽带，以用户和服务为中心，最大限度地发挥图书馆显性知识和隐性知识的能动作用，发挥服务的价值和知识的价值，走知识服务之路，以便实现知识创新、知识传播与利用的目标。

### 2.用知识管理思想指导信息服务创新

　　图书馆实施知识管理的最终目的，在于以创新的服务满足用户的需求。而用户日益增长的信息需求与现代图书馆相对落后的服务内容、服务方式、服务手段之间的矛盾是现阶段图书馆服务的主要矛盾。解决矛盾的方法和搞好服务的根本是创新。新技术的应用是创新，组织管理的改革是创新，服务方式的改变也是创新。创新是一个全方位的工程，可以用知识管理的思想来指导创新的过程。

首先，知识管理对信息服务创新的指导首先表现为深化信息服务内容，即提供知识服务。它不是简单的信息积累和传递，而是知识的再开发和利用，是传统文献服务的深化，也是以知识的搜寻、组织、分析、重组为基础，为用户提供有效的支持知识应用和知识创新的服务。在服务内容的深度上，不仅要重视用户需求，而且要强调对现有文献进行加工，形成新的具有独特价值的信息产品。还要求知识服务人员将智慧充分发挥出来，增加服务中的知识因素，动态地搜寻、选择、分析、利用各种知识，形成针对性和适用性更强的再生知识，实现知识资本的更新、组合、增值。在服务内容的广度上，应有尽可能宽的知识涵盖面，真正起到知识传播和共享的作用，如实施知识导航。知识导航是建立在知识管理基础上，运用多种先进技术与手段，主动地向用户提供帮助与指导，以快捷有效的方法满足用户的知识需求。知识导航是知识管理的具体服务和重要组成部分，也是图书馆与其他行业进行知识管理最大的不同之处，通过优良的知识导航系统，可展现图书馆知识管理的成效。

其次，知识管理对信息服务创新的指导表现为创新服务模式。互联网的发展为图书馆的信息服务提供了全新的平台，也是图书馆需要开拓的一个崭新的空间。不仅可将传统信息服务在网络上延伸，而且也可开拓新的服务模式。目前，一些传统的信息服务已可以通过网络直接完成，如网上预借和续借、馆际互借、网上参考咨询、目录查询、信息检索、新书通报等，这些都是服务模式创新的表现。在知识管理思想指导下，还应开展更高层次、更深入的知识服务模式，如尝试建立结构化参考服务模式。目前的单一平台咨询服务模式多是围绕信息资源的利用展开的，只能解答相对简单的问题，服务的深入程度还不够，难以展开个性化、专业化的服务。而结构化参考服务模式是将人力资源和信息资源纵向分类，按照问题的难易程度、资源利用方式或者专业类型等标准划分成若干具体咨询部门，并在人力、资源等方面进行对应的配置和分布。为用户问题的深入解决提供了相应的人力和资源支持，在一定程度上为实现服务的个性化和连续性提供了可能。不但可提高服务效率，改善服务的质量，而且服务的深入程度会有所提高。

最后，知识管理对信息服务创新的指导表现为改变服务策略。图书馆作为向社会提供服务的组织机构，已融入整个社会创新体系之中，是启动社会知识创新工程的因素之一。它的主要职能不是本身创造知识，也不是自身利用知识，而是通过对信息资源的组织把知识和用户联系起来，起到知识交流的中介作用。用知识管理思想指导图书馆服务就是以知识为内涵、用户为中心，注重知识共享和创新，改变传统的以馆藏为中心的服务，注重服务策略，兼顾传统服务与网络信息服务，发挥二者的整体优势。以"用户为中心"的知识服务，就要深入研究用户的信息需求，建立多样有效的信息反馈渠道和科学、可行的评测指标，继续搜集有关用户对信息的阅读倾向、阅读数量、需求层次、满足程度，以及用户利用图书馆的方式等有关数据，并对这些数据进行系统的分析和比较研究，以便及时地改变服务策略，改进服务环节，增加服务类型，扩大服务规模，优化服务项目，从而可将偶尔用户转变为经常用户、潜在用户转变为现实用户。

## （三）营销理念与信息服务创新

### 1. 服务营销的内涵

营销由英文"Marketing"一词翻译而来，它是商品经济高度发展和市场竞争的产物。美国营销泰斗菲利普·科特勒对"营销"的定义为：个人和群体通过创造、提供与他人交换有价值的产品而满足自身的需要和欲望的一种社会和管理过程。也就是说，营销是通过市场交换以满足人类各种需求和欲望为目的的各种活动总称，是一种经营思想指导下有意识的经营活动。20 世纪 80 年代中期以后，市场营销领域对营销的定义进行了新的拓展，即市场营销不仅仅限于企业的活动，而且可以扩展到非营利性事业组织与公共机构等。同时又为产品本身总结了三种形态：有形的物质产品、无形的劳务（服务）、社会行为（观念、思想）。对营销定义做出了新的解释，使营销的理论、方法、手段与营销策略得以扩展到非企业活动的新领域，从而使服务具有了等同于产品的增值意义，也为非营利性服务的营销活动找到了支撑点。对于非营利性服务而言，营销理念的引入不是简单的思想和观念的导入问题，而是要使现在的非营利性机构有一个大的变革，使营销理念真正贯彻到服务内容、服务资源、服务的运行方式和服务过程当中，从而实现一个全面的、全过程的改变和创新。

### 2. 图书馆信息服务的营销

图书馆作为一个非营利性机构，对营销问题的研究早已开始关注。作为非营利性的组织，实施一切营销活动都是为了能够更好地提供服务，在服务过程中引入营销理念就是切实以用户为中心来开展经营活动，深入了解用户的真正需求，运用不同的营销策略，提供不同的服务方式和内容，从而拓展图书馆信息服务。换言之，要将信息服务作为营销对象，通过调查、收集和分析目标用户的信息需求，利用丰富的馆藏资源，结合信息特点，利用营销理论，围绕用户需求开展经营活动。信息服务营销的核心是以用户的需求为服务的出发点，这与图书馆信息服务"以用户为中心"的服务宗旨相吻合。借用营销大师菲利普·科特勒对市场营销的归纳，图书馆信息服务营销可归纳为在适当的时间、适当的地点，以适当的成本和适当的方式将适当的信息产品提供给适当的用户。

## 第二节　国内外图书馆信息服务创新的现状及分析

### 一、国外图书馆自动化和网络化建设情况

20 世纪 60 年代，一些发达国家的图书馆，尤其是一些财力雄厚的大型图书馆已经开始考虑发展自己的图书馆自动化系统，但由于当时以计算机为基础的自动化系统成本太高，且缺乏软件开发及图书馆自动化系统方面的标准，因而制约了图书馆自动化发展的进程。这种局面直到 1966 年美国国会图书馆（LC）的 MARC 计划宣告成功后才得以被打破，可以说，MARC 计划是图书馆自动化进程的一个里程碑。而 1967 年俄亥俄州联机中心图书馆 OCLC 的创立，则进一步推动了美国乃至全世界各地图书馆的自动化网络化建设，也使美国成为图书馆发展过程中各国关注的焦点。

美国图书馆数量众多且发展得都比较均衡，无论是发达地区还是贫困地区，都建有图书馆，其中 90% 以上的大学图书馆和社区图书馆在 20 世纪 70—80 年代初就已完成本馆计算机管理集成系统的建设，实现了编目、流通一体化。到 80 年代后期，美国的图书馆网络发展得就已比较成熟，各种不同类型、规模和管理形态的图书馆网络遍布全美各地，各馆普遍将自己的书目信息放在网上，实现了资源共享。但美国真正实现全国联网是在进入 90 年代以后，由于计算机技术和通信技术的飞速发展，美国开始大规模兴建信息高速公路，各种图书馆网络开始与网络互联。通过网络，各馆可以从网上获得

更多的信息资源，实现世界范围内的资源共享，并开展多样化的信息服务。

## 二、中国图书馆自动化和网络化建设情况

图书馆自动化是网络化的基础，如果没有高度的自动化，就无法实现网络化。到目前为止，我国地市级以上的公共图书馆、普通高校图书馆以及科研图书馆均普遍实行了计算机管理制度，一些县级图书馆也不同程度地实行了计算机管理。从总体发展水平来看，在全国各系统的图书馆中，高校图书馆的自动化水平要高于公共图书馆系统。

20世纪90年代以来，随着我国社会信息化进程的不断加快，一些自动化程度比较高的图书馆开始积极开发和研制本系统的自动化网络，并在此基础上建立了若干个地区性的图书馆信息服务网络。

## 三、国外图书馆基础服务的拓展与深化

### （一）馆藏流通服务

流通服务是图书馆传播人类知识文化、开展读者教育的主要途径。在网络环境下，阅览、外借、复制依然是图书馆馆藏流通的基本形式；同时，网络与通信等现代技术的运用，又为图书馆流通服务注入了新的内涵，如网上阅览、网上预约续借、网上查询馆藏信息等。

此外，美国图书馆早在20世纪90年代就将自己的书目信息放在网上，实现了资源共享。其联机公共检索目录（OPAC）以提供书目信息为主，又增加了图像、声音、动画等多媒体信息，因而数据源非常丰富。有的OPAC已发展到与全文数据库直接相连，用户在检索到需要的二次文献后，可以直接跳到其一次文献库之中。此外，在全国的若干数字图书馆项目建设中，各馆也纷纷致力于开发具有本馆特色馆藏的数字化及网上流通。

### （二）馆际互借和文献传递服务

馆际互借的主要模式为分散模式，即以地区、系统甚至全国为单位，各图书馆之间达成馆际互借协议，互相为协作馆提供本馆资源。用户可通过联网计算机提出申请，然后由专门的快递公司或图书馆之间的地区配送系统在

各协作馆之间负责递送互借的文献（包括书刊、复印件、缩微胶片等）。无论是图书馆还是文献提供中心，多数建立了一整套的文献传递运作规程，处理程序比较先进和规范。用户递交请求和文献中心传递原文献可用邮寄、邮政特快、传真、电子邮件等多种方式。

## （三）参考咨询服务

参考咨询服务是图书馆最能发挥文献作用的一项工作，也是图书馆信息服务的重要内容。在网络环境下，按服务内容深浅层次的不同，可提供解答咨询、馆藏宣传和推介、编制书目索引、提供数据库等信息产品、情报检索、决策咨询、主页服务等。目前，越来越多的图书馆开始利用信息技术与网络的优势，通过建立各自的图书馆主页，展示自身馆藏资源和网上相关信息资源，提供本馆的信息服务，拓展了服务范围，也深化了服务内容。

图书馆主页被视为联系公众、最大化发挥图书馆作用的有效工具，其内容丰富多彩，除具有我国图书馆主页的各项栏目外，还设置了工作计划、工作进展、本馆大事记、新闻发布、馆员招聘、本馆各种信息产品检索、网上相关信息链接、网络信息导航系统等板块。绝大部分图书馆设有与读者在网上联系的电子信箱，读者可以在网上向图书馆提出咨询问题或服务请求，使得信息反馈及时方便。此外，在开展新的服务方式，提供多种形式的参考咨询服务方面，国外图书馆进行了大胆探索，如推出馆外主动服务、预约服务、在线虚拟展览等。国外图书馆依托网络进行的信息服务大都有各自的特色服务。

# 四、国内图书馆基础服务的拓展与深化

## （一）馆藏流通服务

在流通的自动化方面，我国有一批实用的图书馆自动化集成系统研制成功并已经投入使用。这些系统的流通功能包括图书借阅、查询、读者管理、统计和书目管理等。随着一些校园网、地区网、系统网的建立和与互联网的连接开通，越来越多的图书馆开始建立自己的联机公共书目（OPAC）数据库，供读者以 FTP、WWW、TELNET 等方式远程查询自己的馆藏，有的还能联机预约或借阅服务。但目前大多数图书馆的 OPAC 系统仅供本馆或本地的局域网终端查询使用，没有形成基于互联网的各家图书馆联合书目，资源共享程度有待进一步强化。除书目记录外，近年来由于国内外掀起了兴建数字化图书馆的热潮，一些图书馆也开始进行馆藏数字化建设，少数图书馆将其已实现数字化的馆藏放在互联网上供读者浏览。

## （二）馆际互借和文献传递服务

我国的馆际互借工作开展得较早，但由于以往多采用手工操作，加上长期以来受条块分割、互相封闭的管理体制制约，收效一直不大。近年来又有多家图书馆做出努力，建立了各种文献信息协作网络。首先，国家图书馆已与国内多家图书馆、情报所和多个国家的图书馆建立互借关系，正在成为全国性的国内、国际互借中心。其次，国内不少地区或系统的图书情报机构之间建立了馆际互借关系，如 CALIS 建立了全国中心、地区中心和高校图书馆的三级馆际互借组织和管理模式，并制定了馆际互借管理条例草案。除了馆际借书外，一些地区还实行通用阅览证制度，即图书情报机构为读者发放本地区各大型图书馆的通用阅览证，读者持此证可到各图书馆借阅文献。

## （三）参考咨询服务

我国目前在网上建立主页的图书馆主要是大中型公共图书馆和科研图书馆，许多高校图书馆也被作为各高校主页上的重要栏目列出。图书馆主页通常包括本馆概况、机构设置、馆藏布局、书目查询、新书介绍、读者服务等栏目。少数大型图书馆设有与读者联系的电子邮件通信系统，能够提供较丰富的电子信息资源和简单的网络导航服务。大部分图书馆主页的内容设置比较单一，主要是对本馆的基本情况和服务项目进行相关介绍，缺乏实用性较强的深层次信息。有的图书馆虽然与相关站点进行了链接，但并未精心挑选，也未做定期维护，而只是做了简单的罗列。一些主页没有设置与读者联系、沟通的渠道，更新也不够及时，从而削弱了网上图书馆在读者心目中的作用和价值。

# 第三节　基于创新理论的图书馆信息服务创新体系构建

## 一、树立品牌服务意识，开展特色化服务

图书馆在人们的心目中，历来是文化、知识的殿堂，有一定知名度、美誉度和可信度。其得天独厚的信息资源优势、人力资源优势、技术优势及广泛的用户群等多方面优势，为图书馆开展营销经营活动提供了十分有利的条件。然而，面对激烈的信息服务竞争市场，图书馆若继续保持传统的保守服务观念，或一味地追求所谓的大而全，而没有自己的特色服务内容和服务品牌，就形不成"拳头"服务项目，势必会败于竞争之中。因此，每个图书馆都应首先从观念转变出发，树立品牌服务和营销意识，结合馆藏资源特色和服务目标群体，对信息服务进行重新定位，选择自己可以进入和占领的服务领域，力求做到人无我有、人有我精，从而打造自己的特色和品牌。图书馆服务品牌的创立就是要在同行业中通过特色服务，形成差别优势，然后再利用品牌营销方式，赢得更多用户，从而巩固自身的市场地位。

品牌的建立要靠特色服务做支撑，特色服务的开展不是盲目的，而是要结合实际情况有针对性地去进行。各个图书馆应根据自己的服务领域和所承担的任务，通过横向比较和纵向分析，对已定的服务项目集中投入相应的人力、物力和财力进行研究，力争赋予信息产品最大的附加值，使其他的信息服务机构无法代替提供。

## 二、科学管理信息资源，提高信息服务质量

### （一）加快馆藏信息资源的采集和传输，提高服务的及时性

馆藏信息资源的采集是根据用户的信息需求来采集有针对性、有价值的信息资源。因此，深入了解用户的信息需求显得尤为重要：一方面，它是信息资源采集的前提，只有对口的信息资源才对用户有用；另一方面，信息是

具有第一时间性的，无论是传统的印刷型信息资源，还是网络化数字资源，这些都具有时间第一性。这就要求图书馆馆员要加强信息的采集，争取在信息产生的第一时间将其提供给用户，提高信息服务的及时性和有效性，这也是多数图书馆开展新书阅览室的原因所在。采集、加工好的信息通过合理有效的传输才能真正为用户服务，而传输的速度和工具也会影响到用户获取服务的及时性。因此，在馆藏信息资源的生命周期过程中，要加快传输速度，合理利用各种传输方式，改变过去单一的传输模式，充分利用网络和计算机的优势，将多种信息服务方式结合起来，以最快的速度传送到用户手中，进而节省用户的时间，使馆藏信息资源可以在短时间内将其价值充分发挥，以此提高服务的效益。

## （二）科学地存储馆藏信息资源，提高信息服务的可获得性

"可获得性"是衡量图书馆信息服务水平的一个指标，尤其是在新时期，信息服务的可获得性与否将直接影响到用户利用图书馆的信息，影响到图书馆用户群的流失与否，所以，科学合理地存储馆藏信息资源变得尤为重要。长期以来，对传统印刷型文献的存储图书馆多根据流通率采用三线典藏制，且将期刊与图书按学科进行分类、分部门管理，这对于想获得同一学科所有文献资料的用户来说就显得不够便利，他需要到多个部门才能将资料搜集齐全。为了改变这种状况，图书馆可合理改变图书期刊资料的存储方式，如对同一学科的文献进行集中管理，从而为用户提供便捷的集成服务。而对于动态性的数字资源如何进行存储管理则显得有些复杂，这不仅是因为数字资源价值难以确定，而且不断的环境变化也会给管理策略的制定带来一定的困难。如何科学有序地存储管理数字馆藏资源目前还缺乏相应的理论，还需进一步研究解决。但无论采取何种管理模式，其指导思想是一致的，即降低管理复杂度，提高存储的利用率，以整体最低的成本获得最大的服务效益。

## （三）延长馆藏信息资源的生命周期，提高信息服务的深度

随着社会信息化的发展，图书馆馆藏信息的数字化程度也逐步提高，信息的生命周期日益变短。而延长信息资源生命周期的方法只有一个，就是对信息资源进行深加工，提取信息中包含的知识以生成新的信息资源，从而为

用户提供更深层次的信息服务，满足用户高层次的信息需求。对信息资源的深加工就是依托各种信息技术从用户层面和技术层面对信息资源进行深度开发，将信息的不可获得状态变为可得状态，将可得状态变为可用状态。通过对信息资源的重新组织和开发，进行专题分析研究，专题检索代理以及针对特定用户进行数据库的深加工服务等，以提高信息资源利用的质和量。这种深度研究服务或增值服务不仅是图书馆创新信息服务的重点，而且也是信息服务的发展方向。

信息同煤炭、石油等资源不同，后者用掉即不可再生，而信息资源的价值就在于"用"，收藏不用只会令信息资源失去原有利用价值，有效的利用可以使信息资源获得"新生"。为了加强信息资源的利用，促进信息资源转化为科技生产力，图书馆必须把信息资源的深层加工作为一项重要内容，这是延长信息资源生命周期的唯一办法，也是信息用户的发展要求。简单、低级的信息利用已不能再吸引更多的用户，只有精准、高质的服务才能促进信息资源的再利用。所以，加强网络信息资源建设，加强信息资源的整合，通过建立信息导航库、信息深加工数据库，通过提供定题分析、学科进展通报等服务来加强信息资源的转化，促进信息资源的再生是图书馆信息服务工作创新的方向。

# 三、利用营销策略，提供多样性的服务方式

## （一）运用目标市场策略，选择多样服务方式

目标市场细分有两层含义：一是图书馆根据自身特长，决定将为之服务的顾客群或目标市场。任何销售都是根据自己的产品选定一定范围用户所开展的营销活动，图书馆信息服务营销也是在了解自身实际情况和馆藏特色的基础上，来明确自己的目标市场。二是对目标市场中的不同用户进行细分，使生产出来的信息产品能够更好地贴近各类用户群，即研究不同用户群的需求特点，经营适销对路的产品，以不同的服务方式赢得更多的用户满意。图书馆是一个多态的综合体，在类型上有高校、公共、科研等之分。因此，目标市场的细分有了很大的空间。各个系统内的图书馆由于地区不同，服务的用户不同，藏书的重点也不同，各自的目标市场也就不同。目前各级图书馆的复合形态又使目标市场的细分有了更大的可能，如高校图书馆，有综合类、

理工类、教育类和医学类等不同类型，服务的学科和用户不同，藏书重点也自然不同。市场的细分是第一步，市场细分的目的是进一步根据用户需求提供对路的信息服务产品。以高校图书馆为例，其用户可分为两类：一类是教师和研究生，对信息要求较高，提供的信息要"深"和"新"；另一类是本科或专科生，一般性的学习需求，提供的信息要求"全"和"泛"。因此，针对不同的用户群，而提供不同的服务产品和服务方式，满足他们个性化的需求才是细分市场的真正目的。

## （二）运用便利策略，提供一站式集成信息服务

便利策略是指企业全方位满足客户的要求，节约交易时间和交易成本。而便利策略运用到图书馆信息服务中是指以"方便用户"为切入点，为用户提供便捷的全方位优质信息服务，使用户查找便利、上网便利、点击便利、下载便利，节约用户利用信息的时间。图书馆拥有各种图书、杂志、文献资料、光盘数据库、电子版图书、期刊网镜像站点等多种信息资源，并逐步向数字化和网络化方向发展。它所拥有的这些海量信息库和齐全的信息检索方法与工具，使其能够利用自身的这种优势为用户提供一站式服务成为可能。但长期以来，图书馆建筑构造的特点，加上没有明确的指示标志，使用户走到图书馆就像进了迷宫一样，要想得到某一课题的全部资料要跑好几个部门，且最终还不一定能完全满意。网络用户也会碰到类似的问题，由于网络技术的发展还不完善，各个图书馆的现代化水平不一，使其在利用图书馆网站中容易出现网页的超链接不上、经常断链等现象。这样不仅降低了用户利用图书馆的热情，而且使图书馆的服务形象大打折扣。因此，很有必要将营销学中的便利策略运用到图书馆信息服务中，为用户提供一站式信息服务，这在理论上和实际应用中都是可行的。

## 四、创建以人为本的管理机制，保障用户与馆员的根本利益

### （一）以用户为本的客户管理机制

"以用户为中心"是图书馆服务永恒的宗旨。建立以用户为中心的管理机制就是存储管理用户的全部资料，记录双方的全部接触活动。它类似企业中的顾客关系管理系统，是图书馆开展信息服务的有力保障。客户管理机制的

建立首先要存储用户的个人资料和信息需求情况，以便图书馆通过对用户需求状况的分析为其量身定做产品和服务，以满足用户的个性化需求，并通过对历史需求信息的回顾，去预测未来的需求发展趋势。同时还要强调用户的参与，加强用户与馆员之间的沟通和交流，使用户参与到服务中去，并对用户提出的意见或建议进行分析研究，以便图书馆根据用户要求改变服务策略，提供能真正解决用户问题的服务。

## （二）以馆员为本的组织管理机制

未来图书馆的竞争是服务和管理的竞争，但归根到底依然是图书馆馆员整体素质的竞争。所以，要加强对图书馆人才的开发和管理，加强以人为中心的柔性管理。首先，要充分考虑到馆员的多方面需要，通过多种激励措施，激发他们的工作热情，提高他们的知识水平，增强他们的服务意识，同时推动馆员之间的知识流动，实现知识共享。其次，建立多样化的知识服务团队。在团队中，馆员积极寻求工作中的协同作业，强调以知识需求及自身的发展为目标，形成以多任务目标为导向的组织形式。多个服务团队能够在管理环境发生变化时，充分发挥组织结构的灵活性和弹性，使其功能和作用继续发挥。在各个团队之间形成一个相互信任、相互理解、相互支持、相互关心、相互尊重的和谐氛围，发展各个动态知识服务团队的知识管理和服务职能。最后，在管理手段上可建立多种制度以提高图书馆的专业化水准。如建立职业资格证书制度，从源头更新图书馆队伍，提高馆员的综合素质，还可建立人才培养激励、物质利益激励、精神文化激励、目标价值激励和榜样激励等多种切实可行的激励机制模式，以促进图书馆馆员之间的竞争，培养其创新能力，提高整体服务水平。

# 五、推动图书馆服务理念的创新

## （一）现代图书馆服务理念的体现

服务质量的高低是衡量一个图书馆建设水平的重要指标之一，也是促进图书馆提高建设水平的必要途径。现代图书馆通过阅览和借出的方式向读者提供书报资料以及文献复制、参考、检索等服务。图书馆的服务职能主要包括向读者提供信息资料和信息查询两大类。在图书馆诸多服务中满足读者的信息需求只是其中的一部分内容，其中还包括图书馆的服务理念、服务文化、服务模式及在为读者服务过程中工作人员所表现出来的个人素质和服务态度等。也就是说，图书馆服务的过程本质上是一个文化互动、感情沟通和价值确认的过程。

人性化是图书馆服务理念的价值体现，即在满足读者和社会化需求中以人为中心来配给服务资源，尊重个人价值，培养人文精神，实施人道主义，创造人文环境来充分开发和调动人的积极性、主动性和创造性，并体现图书馆的服务价值的过程。图书馆服务理念是图书馆基础服务的基本方针，是整个图书馆工作的重要组成部分，是图书馆服务工作的指南，反映了图书馆服务的发展规律。进入 21 世纪以来，图书馆服务理念在不断发展变化中，从传统图书馆服务理念逐渐演变成现代图书馆服务理念。

## （二）图书馆服务理念创新的必要性和实质

### 1. 图书馆服务理念创新的必要性

随着社会的不断发展和变化，图书馆必须进行服务理念创新。在新形势下，信息技术日新月异，在知识传播、创造模式等各方面都进行了改革，网络资源成为人们获取知识的主要渠道，信息用户也能够不通过图书馆就直接又快捷地获取所需信息，在应对挑战和顺应信息化潮流中，图书馆有必要解放思想、开拓创新，进而实现自身的科学发展。服务是图书馆的核心和生命线，理念是指导行为的基础。图书馆只有创新服务理念，才能提高其自身的竞争力，适应时代发展的要求。

### 2. 图书馆服务理念创新的实质

要想真正实现图书馆服务理念创新，首先图书馆人员要及时更新观念，不断创新，主动为信息用户提供信息服务，以提升图书馆服务质量为主要目的。创新的实质就是一切为了读者，使图书馆服务内容更加多样化。

当今是一个信息时代，加快知识更新的速度，为用户提供更快、更好、更细的信息内容，才是真正意义上的服务创新。所以，图书馆要不断深化信息服务内容，利用馆藏实体资源和虚拟网络资源的优势，传统和现代有机结合，满足不同层次读者需求，真正体现图书馆服务理念创新的实质内容。

## （三）现代图书馆服务理念的创新

创新图书馆服务理念是相对于传统而言的，创新并不是批评和摒弃传统理念，更不是一味地标新立异，而是要继承优点，服务理念的创新主要包含以下几点：

1. 体现自由、平等、公正

以人为本，自由、平等、公正，应是图书馆倡导的一种服务理念，作为图书馆要重视人的尊严，尤其要为社会弱势群体提供特色服务，让人们都有平等地获取知识的权利。

2. 树立"以人为本"的服务理念

图书馆贯彻以人为本的服务理念，主要体现在人性化的规章制度方面，以满足人们对文献资源的需求。这些体现在人性化的文化环境、服务设施、功能布局等诸多方面。在我国图书馆工作中，主要体现在对图书馆特有的价值追求，图书馆所制定的规章制度并不是僵化的条文，而是面对有血有肉的人，需要富于人情味的关注，投入更多的情感。这样才能真正体现图书馆以人为本的服务理念。

3. 增强竞争意识，提高馆员的基本素质

在社会不断发展进步的前提下，图书馆也应该树立更高的服务理念，要求图书馆馆员从自身工作出发，多角度、多层次为用户提供更加优质的服务，满足用户更广泛的需求，对此，图书管理员应该不断提高自我水平，提升自身素质。

首先，在思想道德上，图书馆馆员要树立一种良好的职业观。馆员的职业观是随着图书馆的变化而不断提升发展的。随着人文意识的不断增强，图书管理员也应该注重服务理念的提升，注重对知识和真理的追求，倡导全民阅读的理念，体现出合作创新、宽容与公正。同时，要有良好的职业心态，提升图书馆馆员的职业认同感。从图书管理员的工作性质来看，图书馆馆员大都是为他人服务，不管是在传统的方式下，还是在信息化的方式下，只有具备了良好的心态，乐于奉献、勤于服务，才能成为一名合格的图书管理员。另外，图书管理员还要具备良好的进取心。现代社会是一个信息化的社会，图书馆也同样面临着机遇和挑战，作为图书管理员，必须要具有竞争意识，树立强烈的工作责任心，才能不断发现工作中的问题，并提出解决的办法，提高图书馆的工作效率。

其次，在工作能力上，图书馆馆员要具有应用现代信息技术的能力。随着现代社会的不断发展，信息技术已经广泛应用于社会的各个领域，对于社会发展具有重要的推动作用。图书馆的工作也同样离不开信息技术的支持，对图书馆馆员提出了更高的要求，要求图书馆馆员不但要具备广博的知识，还要熟悉最新的现代信息技术，具有捕捉信息的能力，学会运用现代化的手段为用户提供良好的服务，做好用户的信息导航员。在信息资源不断丰富的今天，图书馆馆员要不断提高自身的素养，通过自身的努力，来推动全社会信息素养的提高，对社会文明的进步起到良好的促进作用。

4. 建立特色的网络文献信息资源

图书馆的特色活动和服务都能体现现代图书馆服务理念创新。随着信息网络的普及，我们进入了信息化时代，人们获取信息的途径更加广泛、快捷而又准确。网络成为人们获取信息的主要平台，为人们提供了丰富的文献资料，满足了人们的各种需求，促进了人们的交流和沟通。当前人们对信息的需求越来越大，不实现服务创新，已经不能满足人们的需求，通过网络平台，方便快捷地为人们提供各种数据库服务和知识库服务，这些服务方式有很强的实用性和交互性，最大化地丰富了图书馆服务内容，发挥了图书馆的服务功能。

5. 树立知识服务理念

知识服务是一种新的服务理念，是注重对信息资源的深层次开发和利用，注重知识资源增值的一种服务。与传统信息服务相比，其区别主要在于以下方面。

第一，传统信息服务关注的是为用户提供了什么信息资源，而知识服务关注的是为用户解决了什么问题。

第二，传统信息服务只需要关注用户简单的提问，满足用户文献需求，知识服务则是一种逻辑获取服务，通过对信息的分析重组从而形成新的知识产品。

第三，传统信息服务满足于为用户提供具体文献信息，而知识服务致力于帮助用户寻求或形成"解决方案"。

第四，知识服务关注其服务的增值，希望通过自身的知识和能力为用户提供具有独特价值的信息产品，而传统的信息服务更多的是对资源的占有，通过"劳务"来体现自身价值。

为此，知识服务需要图书馆馆员努力成为"一专多能"的复合型人才，将分散在相关领域的专业知识加以提炼，产出符合用户需要的"知识精品"。

# 第四节　基于知识管理视野的图书馆信息服务管理

## 一、知识管理的概念及特征

### （一）知识管理的概念

当前，对知识管理这一概念有很多定义，众说纷纭，主要原因是知识管理是个新兴的研究对象，本身也比较复杂，而人们的研究角度和研究目的会有所不同。对知识管理的解释多种多样，要真正理解和认识知识管理，应该将知识管理与信息管理进行对比研究，进而得出知识管理究竟是什么。

首先，应该理解知识和信息的区别。从产生信息的客体来定义，信息是由事物发出的一切消息中所包含的用以表征事物的内容。知识是信息加工出来的产物，是一种具有普遍和概括性质的高层次的信息，是信息的一个特殊子集。从二者的定义可以看出，相对于知识管理而言，信息管理有较长的历史。尽管人们对信息管理的定义和理解不同，但是由于信息管理这一词条已经被广泛运用，用户基本达成了共识。知识管理是对信息管理的继承和发展，是信息管理在广度和深度上的拓展和深化。信息管理的核心是信息资源的开发和利用，侧重于信息的收集、分析、整理与传递等方面，而知识管理的核心是实现隐性知识和显性资源的转化，强调人力资源的关键作用。信息管理和知识管理相辅相成，信息管理是知识管理的基础，而知识管理又是信息管理的延伸。

### （二）知识管理的特征

目前关于知识管理的论述可以说是仁者见仁、智者见智，将不同的论述总结概括起来主要有以下特征：

1. 知识管理的重点是隐性知识

显性知识便于沟通和共享，容易被竞争对手所获取；而隐性知识相对来说是难言性的，难以编码，难以用信息技术对其进行管理、共享和支持。对于组织来说，显性知识不可能形成持续的竞争优势，所以，组织的核心竞争力只能建立在对隐性知识管理的基础上。如果把人们掌握的知识形象化成一座漂浮在海面上的冰山，那么，显性知识只相当于露出海面的"冰山尖端"，而隐性知识则相当于沉浸在海面下的大部分。由此可见，挖掘和利用隐性知识才是知识管理的关键。

2. 知识管理的核心是人力资源管理

经济发展并不存在于技术之中，无论这技术的代表是微芯片，还是全球通信网络，它都存在于人的头脑里，只有人才是这个时代最重要的因素，而创造一种有效的机制，最大化发挥人的潜能，充分地调动其学习的积极性，使其能力得以快速的提高，更好地为组织创造价值，才是知识管理的实质。把人力资源看作最重要的资源，最大化实现知识管理，这才是知识管理的核心内容。

3. 知识管理的"增值"效应

知识管理是基于"知识具有价值，知识能够创造价值"的认识而产生的。知识管理就是要充分利用知识资源，大幅度提高产品的知识含量和附加价值，更新人们的价值观念，使人们能够认识到共享知识比拥有知识更有价值。

## 二、图书馆知识管理的特征

### （一）图书馆知识管理是"人本管理、书本管理与知本管理"一体化的管理

图书馆知识管理是以人为本的管理。首先，尊重图书馆馆员，要尊重馆员的能力与价值，尊重读者的个性，并且要尊重馆员的劳动，尊重馆员的劳动成果。其次，要充分认同每个馆员对图书馆的贡献，客观地评价馆员的业绩，允许馆员选择适合自己的岗位，提供其发挥潜能的机会。

图书馆知识管理也是以能为本的管理。以人为本的升华是以能为本，它能够通过有效的方法，最大限度地发挥人的能力，从而实现能力价值的最大化，把能力这个最重要的资源作为组织发展的重要力量，实现组织发展的目标和组织创新。

图书馆知识管理还是以知为本的管理。"以知为本"的管理是一种能够激励和灵活运用馆员的知识，并使馆员制定可持续贡献的机制。与"以人为本"

相比，它不允许存在不可替代的人才，因为这有可能破坏图书馆的集体奋斗的核心价值，削弱图书馆的可持续发展动力。它要求图书馆成员特别是馆长，必须同时兼备"才"和"知"，不断为图书馆做出贡献。

## （二）图书馆知识管理是"激励管理、民主管理和自主管理"相结合的管理

图书馆知识管理是一种激励管理。在激励管理的过程中，要注意激励的方向和实现图书馆目标相吻合，要公正，要有针对性，真正通过激励来提高馆员的工作效率和业绩，实现增强制度文化信念和促进图书馆工作的目的。

图书馆知识管理也是一种民主管理。民主管理是通过馆员参与决策、组织动员、监督检查、协调关系和启迪教育，达到维护馆员的合法权益和图书馆的领导权威，使图书馆工作获取广泛支持并得以顺利开展的管理。

图书馆知识管理还是一种自主管理。自主管理是一种"信任型"的管理。由馆员根据图书馆的发展目标和要求，自主制订自我发展计划，实施自我控制、自我创造施展才华机会的管理。这种管理要依靠馆员个体素质、文化底蕴来实现自我约束和自我发展，完成图书馆交给其的工作任务，目的在于为馆员实现自我价值提供机会，满足馆员追求成功、追求卓越的心理需要，所以，这种管理是一种不靠职务和权力来实施管理的更高境界的管理。

要想把知识管理与图书馆真正结合起来，必须建立有效的图书馆知识管理体系，加强图书馆人力资源管理，建立图书馆的知识整合和知识联盟，即图书馆内部知识信息集成管理，将集合的各种信息资源按用户需求，通过各种信息和手段进行规范、科学的组织，以供读者方便、快捷地利用。它不仅强调人、财、物等生产要素，而且强调知识信息软件生产要素在集成聚变中的主导作用，通过知识信息的重组与功能放大，实现能力互补，创造新的能力，获得一流知识资源，提供一流的知识服务。

总之，建立图书馆知识联盟可以优化组织结构，重组业务流程，整合图书馆知识资源结构，加强知识资源管理，利用信息技术，形成资源共享网络。以用户需求为中心，提高知识传播质量，加强知识的交流与共享，实施图书馆知识资源集成管理，建设共享的知识文化，提高对知识管理的认识，将知识管理贯穿于知识服务工作中。信息技术的运用在很大程度上决定了图书馆知识管理的效率和水平，知识管理需要良好的技术和组织基础来挖掘、筛选，组织知识信息供读者利用，充分放大其知识效用，促进图书馆馆员的人力资

源开发和读者的智力资源开发，将图书馆馆员提供的知识和积累的管理经验用于知识服务，构建知识共享体系，以提高馆员分析问题、解决问题的能力。同时图书馆应建立多种形式的知识转移途径，使知识和信息可以通过多种渠道进行转移和流通，进而建成现代化的数字图书馆。

## （三）图书馆知识管理的目标是要推动知识创新

知识创新是知识经济社会的核心，知识创新活动是一项庞大又复杂的系统工程，它不仅需要科学研究部门从事知识的生产，还需要有专门的机构和人员从事知识信息的收集、加工、整理和传播，以促进其应用。图书馆作为知识和信息搜集、整理、存贮和传播的基地，是科学系统链中不可或缺的一个重要环节，同样是知识创新中的重要环节。

其一，创新需要以前人的研究成果为基础，图书馆帮助科技工作者获得相应的知识，并提供最新的科技信息，是启动知识创新的前提条件。

其二，图书馆直接参与科研过程，其工作是知识创新的重要组成部分。

其三，图书馆要关注知识的扩散和转移，是知识创新成果转化为现实生产力的桥梁。

知识管理就是要促进图书馆内部、图书馆与图书馆之间、图书馆与用户之间的联系，加强知识联网，加快知识流动过程。图书馆作为人类知识的宝库、信息知识资源的集散地，当抓住有利时机，结合工作中遇到的一些问题，如知识经济时代图书馆的转变、生存和发展，信息技术的发展和应用以及虚拟图书馆的建设问题，电子时代的知识产权保护问题，图书馆信息资源开发和产业化问题等开展科学研究和知识创新。

## （四）信息技术是图书馆知识管理的工具

社会不断进步，从以信息技术为主导、提高组织的竞争和生存能力的时期，发展到以信息为主导的时期，并进入以知识和知识创新为中心的知识经济时期。人是知识管理的核心内容，但并不意味着信息和信息技术无足轻重，它们依旧是知识管理的内容和研究对象，是知识创新的源泉和工具。

首先，互联网、数据安全库、视频会议系统的出现不仅加快了信息传递的速度，而且增加了信息的广度，同时使各种信息变得更加有序，这为知识创新提供了信息保障。

其次，现代信息技术的出现打破了信息传递的时间和空间的限制，交流形式更为生动、直观，通过这些技术可以获取大量零散情报，及时实现信息反馈，通过网络可以更加方便地与世界各地的同行、用户讨论有关问题，彼此促进，激发知识的创新。

最后，知识创新鼓励共享和信任机制的形成，与知识共享并存的是知识产权的保护。现代信息技术不仅是实现信息交流和共享的手段，也是解决知识产权保护的强有力的方法。可以通过为需要进行保护的知识产权采用信息技术授予用户不同的访问权限，以达到既方便用户合理使用，又保护知识产权拥有者正当权益的目的。这是维护知识创造者自身权益、保护知识创新的积极性的一面。

图书馆知识管理的主旨在于推动图书馆馆员之间的知识交流，通过交流使馆员可以直接有效地得到其所需的知识，激发并强化馆员的创新意识和能力，丰富图书馆的知识资产，使知识最有效地应用于企业的业务活动，从而增强企业的竞争能力；激发馆员的学习热情和能力，使其与获取知识和创新三者之间形成良性循环，将图书馆再造为一个学习型组织，从根本上保证企业的可持续性发展。因此，知识管理的主要实现思路在于组织结构、业务流程的合理设计与组织文化的培养，再加上现代化的信息技术支持，建立一种创新、交流、学习和应用知识的环境与激励机制。相对于信息资源管理而言，知识管理的进展和突破主要表现在组织结构和业务流程设计及组织文化培养方面。

在信息技术方面，知识管理的实现必须以恰当且先进的信息技术的选择与应用为前提，其运行也必须以信息技术框架为基础。

知识管理涉及的信息技术主要有互联网、内部网和外联网，存贮结构技术，数据库管理系统，元数据技术等，在知识管理涉及的信息技术中，内部网和外联网是非常重要的，它是图书馆知识管理的信息技术平台，其他知识管理技术都要在这一平台上运行。因此，构建一个安全、高效、灵活的内部网和外联网是图书馆知识管理实现技术中的基础性内容。

# 三、现代图书馆知识管理的实施

## （一）图书馆知识管理的基础

知识管理作为一种先进的管理和思维模式，在企业中取得了良好的效果。

而图书馆人员每天徜徉在知识的海洋里，每天与信息、知识"亲密接触"，如果不能走在时代前列，就有愧于图书馆"知识聚集地"的称号。因此，我们有必要对馆员所从事的工作用全新的眼光和视角去进行审视，将知识的搜集、整理和传播功能发挥得淋漓尽致，用更加优质的服务和健全的组织体系为广大读者服务，最终体现图书馆的知识价值和服务价值，走上一条持续的知识与服务之路，为社会做出应有的贡献。

1. 图书馆知识管理要以用户需求为重点

"书有其人，人有其书"是印度著名图书馆学家阮冈纳赞提出的影响力极为深远的"图书馆学五定律"内容之一，它表明了读者在图书馆中的重要性。图书馆的文献知识不论多么丰富、管理是何等有序，如果没有读者光临，那么一切就都毫无意义。因为资源只有被利用，才能转化为实际的社会效益和经济效益，否则这些有用的资源就会被尘封起来。

读者的需求就是图书馆赖以生存的底线，如何为用户提供差异化的服务、有特色的服务，促进知识的有效传播，并在此基础上进行创新，是图书馆知识管理的核心所在。

当前，我国图书馆在管理理念、服务体系等方面还存在一定的不足。因此，在图书馆知识管理过程中如何以"用户为中心"的心态去关注读者是每一位图书馆馆员的职责，最大限度地调动读者的主观能动性，吸引更多的读者，是图书馆要解决的当务之急。

2. 图书馆知识管理要以信息知识为基础

面对浩如烟海的各种知识，对其及时有效地进行全面分析、筛选、再整理，是图书馆的工作重点，只有把这些知识转化成科学化的"知识组"，才能够更好地为用户学习和研究提供方便。如今的社会已经步入信息化时代，人们获取信息的渠道也变得更加广泛和快捷，如何在这一变化中分得"一杯羹"，也是图书馆馆员的工作重点。因此，图书馆的工作重心要按照主题词和元数据的信息要求，为所有的用户提供快捷的查询路径，让读者能够在最短的时间内获取自己所需要的知识。所以，在新形势下，图书馆要建立在信息知识的层面上，把知识进行深度挖掘，利用图书馆良好的设施和条件把最前沿的知识、海量的信息呈现给广大读者，最终促进知识的创新和图书馆价值的提升。

3. 图书馆知识管理要以信息技术为支撑

网络环境中，帮助读者在网上海量的信息中快速找到自己所需要的信息是图书馆的职责。社会的高速发展为互联网技术提供了可供展现的舞台，打破了原有的时空界限，用最快的速度去拓展知识的传播，使用户和图书馆的即时信息成为全天候的联接，更有利于激发图书馆知识的创新。这就要求图书馆的知识管理要从元数据技术、知识挖掘、知识发现等方面进行研究与对接，用信息技术搭建知识管理的框架，更好地为读者提供快捷便利的服务。

4. 知识的创新是图书馆知识管理的最终目标

图书馆是知识的集中之地，也是人类知识的宝库，要想为用户提供更好更优质的服务，就要对新旧知识进行重新整理与资源整合，并在此基础上进行深层次加工，形成具有图书馆特色的知识产品，让用户能够从中很快查询到自己所需的知识或信息。因此，图书馆的管理层要充分调动图书馆馆员的工作积极性，充分发挥他们的聪明才智，用创新的思维和创新的科技，结合图书馆的发展目标，利用图书馆的优势和信息技术，把知识进行重组和再造，监督知识创新的每一个环节。从知识的整理、加工、创新、再造等过程形成一个高效动态的评价机制，全面提高图书馆的工作效率与质量，形成一个网络化的服务跟踪体系，全面实现知识的不断创新。

## （二）图书馆实施知识管理的策略

### 1. 树立人本管理理念

人本管理是知识管理的核心所在，只有尊重人的价值，充分考虑人的愿望和需求，为广大图书馆馆员提供充分的信任空间，才能够全面激发他们的工作热情，发挥他们的最大潜能。因为图书馆的知识管理不仅是编码、流程等显性知识的质量管理，更是图书馆馆员隐性知识的管理，开发和利用好人力资源，做到以人为本进行管理是图书馆在激烈的竞争中站稳脚跟的制胜法宝。每个馆员在工作中都要恪尽职守，组织协调和开发利用知识信息，对用户进行控制和管理，以知识信息为载体，以知识创新为己任，快速高效地为广大读者提供更加优质的服务，力争成为知识管理与创新能力的新型复合人才。

### 2. 有效进行资源整合

图书馆的资源整合主要是指对知识信息集成管理，即对组织内部进行知识整合。以前多以馆藏资源的多少来衡量图书馆的实力，现在则是以信息资源的数字化集成来进行衡量。因此，图书馆应有效进行资源整合，提高自身实力。首先，将馆藏资源压缩在一个文件夹中作为一个公众平台以供所有用户进行查询；其次，将馆藏以外的信息加工整理后拷贝到软件上，用集成化的手段对这些知识与信息进行分类，让用户能够快速方便地查到其所需的相关知识。

由于资源整合还涉及图书馆馆员的问题，所以也应该将现有的组织结构按照新建立的平台要求进行人员的重新整合，做到人尽其才、物尽其用，设置相应的岗位，让他们在各自的岗位上充分发挥特长，为图书馆的发展贡献自己的力量。

3. 搭建知识管理平台

搭建知识管理平台就是要改变传统的以馆藏为中心的服务模式，把用户需求和信息资源、信息技术结合起来，一切以用户为中心，一切工作都围绕用户这个中心来开展。只有运用计算机技术、信息技术、通信技术对原有的资源进行整合，搭建一个科学合理的知识管理平台，让用户利用这个平台通过新型检索、搜索引擎等网络技术实现知识的查询与共享，才可以更好地解决跨库检索带来的不便，进而方便、快捷、智能化地实现知识管理，提高知识管理的水平。

4. 不断进行知识创新

图书馆知识管理的最终目的是实现知识创新。作为知识传播与读者之间桥梁的图书馆馆员，要时刻关注国内外发生的重大事件及新闻动态，拓宽自己的视野和知识领域，以实现知识和服务的创新，帮助用户获得新的知识。特别是在当下知识信息"大爆炸"时代，人们获取知识的渠道越来越多、越来越快捷，作为从事文献与信息整理的"知识管理"领域的图书馆，更应该做到与时俱进，时刻走在时代的前沿。

5. 调整管理策略以创建学习型图书馆

作为知识信息传播者的图书馆馆员，必须具备接受新知识、新信息的能力。图书馆要根据本馆的目标和任务有计划地建立一套完整的继续教育体系，根据不同的业务需求进行差异性的管理。例如，采购部门的专业性知识有一定的规律性，可以采用显性知识管理策略；图书情报部门由于其特殊性，所以采用隐性知识管理策略较为恰当。但无论采取哪种管理策略，从整体上讲都是一个学习型的图书馆，这就要求全体人员都要从自身做起，严格要求自己，不断参加培训，不断接受后续教育，营造一个开放式、互动式的学习环境，并把参与知识管理学习与工作绩效挂钩，提升图书馆的整体创新能力，打造一个全新的知识型、学习型团队，为用户提供更加优质的服务。

# 第五节　数字环境下图书馆信息服务管理的创新

## 一、服务理念的创新

### （一）特色理念

每一个图书馆都应该有自己的特色。图书馆的特色主要体现在馆藏特色、服务特色、管理特色、科研特色和环境特色等方面。图书馆由于其本身的特点应将重点放在馆藏特色上，馆藏特色是指馆藏文献在某一方面比较系统完整，能基本满足特定读者独立研究的需要，具体表现为学科特色、专题特色、地方特色、类型特色、语种特色等。

### （二）信息资源共享理念

信息资源共建共享是 21 世纪信息需求和技术发展的必然产物。文献激增、资料价格飞涨、越来越多的新技术被使用起来，使资源共享不仅从经济考虑是绝对必要和可行的，而且从合理使用图书馆资源来考虑也是至关重要的，能够避免资源重复建设带来的浪费。图书馆可以以教育网为依托，以资源的电子化、数字化和网络化为基础，构成一个相互联合协作、整体化的、充分实现资源共建、共享的服务网络体系。

### （三）学习理念

图书馆除了作为为教学科研服务的机构之外，还有一个重要的职能就是成为用户终身教育的场所。然而，目前图书馆客观存在的一些弊端，如层级过多的传统组织机构、效率低下的工作作风、整体素质偏低的馆员队伍，都影响了其作为终身学习和继续教育职能的发挥。

# 二、服务内容的创新

## （一）网络信息资源的开发利用

网络信息资源的开发利用应成为图书馆深层次开发的重要内容。深层次开发是指图书馆在合理组织文献信息资源的基础上，根据用户信息需求，对文献信息进行深入的分析处理，进行知识浓缩、提炼和知识重组的工作。在网络信息资源日益丰富的今天，图书馆馆员要掌握网络信息资源检索和获取的途径，有意识地搜集、筛选和利用有效信息，组织和下载网络信息资源；同时结合本馆馆藏文献信息资源和网络信息资源建立特色数据库，如重点学科导航库、学科资源库、专题资源库等。对网络信息资源的开发不能盲目进行，要本着为教学、科研服务的原则，同时还要突出本馆的特色。图书馆还要重视网络信息资源知识内容的开发，目前，基于内容的开发是图书馆信息资源开发的一个难点。一方面，信息搜集速度与信息处理速度的矛盾越来越突出；另一方面，用户要求信息资源开发要有广度和深度，人们期待研究和开发基于信息内容的新理论、新方法和新技术。网络信息资源的开发利用是一个系统工程，需要具备全面的系统配套设施。

## （二）数字化资源建设

随着网络技术的发展，无论是印刷型文献信息还是电子信息若要在计算机网络上进行自由传播，其前提条件将是将信息数字化。数字化指将各类载体信息，包括数字、文字、声音、图形、图像等都转换成计算机可识别的由0和1组成的二进制数字编码形式。

数字化资源建设包括两方面：一是把本馆印刷型文献进行数字化并放到网络上供读者检索；二是对各类电子出版物的引进。数字化信息资源的最大优势在于不但可节省馆藏空间，还可以提高读者服务的效率和质量。对数字图书馆来说，将图书馆馆藏信息数字化是必要而合理的，在数字化过程中可先将馆藏需求量大的特色资源、图片、地图、档案等进行数字化。同时，要根据读者需求合理引进有助于学校教学、科研的各类型数据库，以供读者使用。

# 三、人力资源管理创新

## （一）设立学科馆员制

学科馆员的服务模式是近些年图书馆推出的一项创新服务方式。以清华大学、北京大学、上海交大等重点大学为首的高校图书馆率先开展了以学科馆员为重点学科的信息服务，学科馆员以开发专题信息资源为目标，深入学科专业领域，为学科建设发展提供学术层面上的服务，解答科研中提出的各种问题，对某一学科的基本理论，在结构、学科历史和现状、学术前沿、学科的主要支撑者、学科经典文献等方面均有较深入的了解，对学校的重点学科建设发展方向、目标、最新成果、未来发展动态做到心中有数，将繁杂无序的信息进行加工、分析、整理后，提供给重点学科用户，学科馆员是重点学科建设体系中的重要成员之一。设立学科馆员，就是要让学科馆员定期下院系，向院系的师生介绍图书馆关于本学科的新资源、提供的新服务。要深入各学科了解教学科研对专业文献信息的需求，有针对性地对学科专业文献信息进行搜集整理和分析研究，以及进行相关创新知识的整合，主动为各学科读者和课题研究人员提供高水平、深层次的信息服务。学科馆员的设立，给那些既具有专业学科知识，又有一定的信息服务技能的馆员提供了发挥他们特长的空间。同时又能激励他们进行专业领域学术的研究，不断提高自身的专业素质，在整体上也带动了整个图书馆队伍专业素质。

## （二）"以馆员为本"的激励机制

"以馆员为本"主要是针对图书馆的管理者来说的，图书馆的管理者不仅要有"以用户为本"的思想，而且还要树立"以馆员为本"的思想，充分调动馆员的积极性，激励他们不断地进行创新。只有通过激励机制，奖勤罚懒，按业绩、按劳动量、按创造性来进行合理分配，才能使馆员在工作中真正发挥其积极性和创造性，从而更好地为读者服务。

图书馆建立激励机制的具体方式有物质利益激励方法、个体精神激励方法、外部因素激励方法。图书馆在实施激励机制的过程中，要适当地进行物质利益激励。因为这是改善图书馆馆员生活环境和生活质量的基础，也是馆员学习和工作的基础。个体精神激励方法包括榜样激励、荣誉激励、绩效激励、目标激励和理想激励。外部因素激励包括组织激励、制度激励和环境激励。

## （三）完善人才培养机制

通过建立人力资源的教育培训体系并使之制度化，使高校图书馆的人力资源开发工作逐渐走上科学化的轨道，在执行过程中主要按制度来进行，从而避免因为领导的变动和主要领导的个人偏好不同导致在人力资源教育培训计划上出现大的反复。为此图书馆要建立正常的馆员教育培训制度，把学习新知识、新技术、更新思想观念作为自己安身立命的根本，把学习和培训作为一种积极的自觉投资，而不是作为一种被迫的额外消费。图书馆可通过在职进修、轮岗制度、馆内培训和外出学习等方式来对馆员进行再教育。图书馆有责任给员工提供一个高效的不断学习的环境，使图书馆馆员能随时利用各种机会进行学习、进修专业知识以不断地进步和提高，这样不仅能提升馆员的个体素质，而且还能使图书馆的整体人力资源水平有大幅度的提升。

# 第三章　图书馆管理与信息整合

## 第一节　图书馆管理中现代信息技术的有机整合

目前，我国在信息技术方面已取得了突破性进展，这对于传统图书资源管理产生了巨大的影响。信息化推动着图书馆管理不断创新发展，国内一些图书馆在自身资源管理工作中也逐步开始应用信息化技术，以此提升图书馆的服务水平和能力。信息化对于图书馆管理工作来讲，是一种机遇，也是一种挑战。在信息时代背景下，要以何种姿态迎接未知挑战，把握机遇，成为当前图书馆管理和发展中值得思考的问题。

### 一、信息技术为现代图书馆管理工作带来的机遇

在信息时代背景下，图书馆管理工作面临着机遇，这主要体现在：信息技术应用于图书馆管理工作中时，可以提高我国图书馆的共享资源技术和水平，使其适应信息时代的要求，让读者可以更迅速、便捷地获取信息资源。

在图书馆管理工作中引入信息化技术已成为当前世界发展的潮流，该技术的应用能全面推进我国图书馆事业的发展。图书馆为使用者提供的信息量很大，因此对信息资源服务的效率有较高的要求标准，信息技术有传播迅速的特点，将其应用在图书馆管理工作中，可以取得令人满意的效果。

### 二、图书管理和信息技术有机结合的方法

要想在根本上提升图书馆管理水平，就必须将信息技术与图书馆管理进

行全面结合，而要想做到这一点，就要改进先前的方式，要去推进图书馆管理工作发展，尽最大可能满足使用者对管理工作的服务需要。

逐步创建和完善图书馆馆间资源共享和信息服务系统。图书馆内文献存储量非常可观，完成上述工作，不但能够全面扩充原有资源量，同时对于信息共享创新发展也有着非常重要的意义。

将现代信息技术应用在图书馆管理工作中，也应注意创建、完善馆内资源和信息查询系统。完成这项工作后，使用者可以更快查询到有用信息，可以最大限度地提升图书馆管理的水平。

以创建与完善图书馆馆间资源为基准，全面推行图书馆馆间资源互借服务，全面满足当代图书馆使用者的需要，以推进图书馆事业发展。

创建新的服务部门和团队。随着科学技术的不断发展，图书馆在专业分工方面也比以往更为细致，其机构设置必须在真正意义上做到以读者为核心，尽量向专业化方向发展，把现有图书馆中读者服务部门进一步分化，并在其中设立一些有特色的具体部门，真正意义上做到令读者满意的程度。

建立信息化人才队伍。在创建学习型组织的同时，要以网络信息环境下工作人员基本素质培训工作为核心，在图书馆内建立起高素质的人才队伍，除了精细筛选之外，要对其进行个性化岗位培训，使用有效方式，吸引高素质人才加入图书馆管理队伍中，建立起高效的服务队伍。

综上所述，在信息化时代背景下，图书馆管理面临着较大的机遇和挑战。也正因如此，在如今的图书馆管理工作中，一定要做好信息技术在相关图书馆服务管理工作中的应用，使用有效方式，将两者有机结合起来，这对提升现有图书馆管理和服务水准来讲，有着非常重要的实际意义。

# 第二节　图书馆信息资源的整合及发展

## 一、网络环境下图书馆信息资源整合及发展

当今时代，网络技术日新月异，以迅雷不及掩耳之势颠覆着人们信息交流的模式。网络技术以其多元化、公众化、个性化与交互性等特点，为现代

图书馆进行科学服务，为推介各类知识与信息提供科学的交流平台。网络环境下，公共图书馆应该利用新媒体技术，完善与读者之间的沟通，积极发挥公共图书馆的馆藏信息优势，充分利用有效的网络数据资源，重新运用网络技术的新功能，整合图书馆信息资源，为公共图书馆开展公共文化服务提供科学的交流空间。

目前，是公共图书馆转型发展的关键时期，也是公共图书馆实现新跨越的战略机遇期。现代网络技术的不断发展，使数字图书馆的发展趋势更加明显。信息资源整合的内涵与外延都在由浅入深地快速发展，也使现代图书馆工作者在网络时代面临着新的机遇与挑战。因此，科学制订图书馆信息资源整合的发展规划，对于提升公共图书馆事业的科学发展水平，保障公众的基本公共文化权益，助推公共文化事业的发展，具有十分重要的意义。因此，如何实现图书馆信息资源整合的可持续发展战略目标，已成为现代图书馆发展中亟须解决的重要问题之一。

## （一）网络环境下进行图书馆信息资源整合的意义

网络技术的日新月异为现代图书馆的合作与交流提供了极其强大的技术支持与保障，促进了现代图书馆信息资源共享与整合的科学发展，使依托强有力的文献传递网络建立的文献资源共享体系能够满足广大用户的网络需求，不但可以向用户展示中华民族的历史与文化，而且可以让文献资源走出国门，实现文献信息资源的社会效益，实现文献信息资源的全球化共享。

与传统图书馆相比，无论是在服务模式上，还是在管理方法上，现代图书馆都有更加广阔的发展前景。现代网络技术的快速发展为现代图书馆注入了新的活力与生机，使信息资源的共享在现代图书馆中得以实现。在信息时代，图书馆员的工作角色与工作方法正发生着翻天覆地的变化，图书馆员已不再是被动地为读者提供图书与资料，也不再是传统模式的保存与传递文献资料，而是现代信息的管理者与指引者。现代图书馆员的主要工作任务就是将不同载体与不同类别的信息进行优化组合，为读者提供他们需要的知识与资料信息，提高信息资源的利用率。

## （二）网络环境下信息资源整合存在的问题

面对网络技术的快速发展，如果现代图书馆要最大限度地满足读者的信息需求，不但要保存丰富多彩的图书馆馆藏信息资源，还要保证能够有条不紊地运用图书馆馆藏信息资源。然而，现代图书馆丰富多彩的信息资源也会给用户在信息资源的利用上带来新的问题，这些问题主要表现在以下几方面。

### 1. 信息检索不科学

由于信息检索的方法各异，导致各信息系统所需要的技术环节也各不相同，因此，检索页面的设计也存在一定的差异性。读者在获取有关信息时，必须通过烦琐的检索页面，这就要求读者一定要掌握各种查询方法，增加了信息查询与检索的复杂性。

### 2. 信息查询的效率低

为了获取比较全面的信息，读者有时需要在每一个信息系统中都进行查询或检索，而每一个信息系统之间又没有信息共享和信息传输所需要的界面，因此，导致读者信息查询的效率比较低。

### 3. 信息的查准率不高、查全率受限

因为信息资源的来源不同，导致读者查询的信息重复率过高，这极大地影响了信息资源的查准率。同时，千差万别的信息资源发布在不同的载体上，因为载体的形式不同，导致其发布的信息资源之间缺乏科学的联系，降低了信息资源的查全率。

### 4. 图书馆藏书的重复订购率较高

近年来，各地图书馆不但存在重复订购的问题，而且各图书馆为了建设实体资源与虚拟资源的复合性藏书体系，使图书馆馆藏文献的重复率迅速上升，既导致数据库之间资源的重复率上升，也导致数据库与文献实体之间的重复率上升。另外，重复订购还表现为电子文献和馆藏文献之间的重复、区域性馆和非区域性馆之间的馆藏文献重复、各个图书馆之间的电子文献和馆藏文献的重复等。因此，在网络环境下，数字化信息资源、馆藏文献资源、非文献资源的比例与配备等也是比较突出的现实问题。

以上问题的存在，说明目前信息资源整合任务已经刻不容缓。通过信息资源的科学整合，加强信息资源的科学化和有序化，完善信息检索模式与检索界面的科学性，广大读者能够方便快捷地查询到自己所需要的信息资源，从而提高现代图书馆信息资源的利用率。

## （三）网络环境下图书馆信息资源整合的对策研究

### 1. 进一步丰富文献资源与数字资源

公共图书馆应建设有特色的网络文献信息收藏体系，进一步丰富文献资源与数字资源，将公共图书馆打造成为文化信息资源的收藏中心，以数字图书馆建设为基础，全力推动图书馆智能化建设进程，积极探索和运用"互联网+"技术，全面提高图书馆运用信息化技术的能力与水平；进一步推动文化信息资源建设工程、数字图书馆推广工程与公共电子阅览室建设计划及数字文化工程建设；进一步推动图书馆联盟建设工作，在全国公共图书馆系统形成"以强带弱，密切联动"的图书馆网络联盟格局。

### 2. 加强图书馆信息资源的深度加工

图书馆资源的组织加工是对信息资源的一种整合，其成果是一种资源的知识展现形式。在大数据环境中，图书馆员必须与时俱进，力求在数字图书馆的内部资源与外部资源之间建立语义关联，构建面向全社会的信息资源数字图书馆组织结构。

一方面，数字图书馆应转变信息资源建设理念，在文献等传统信息资源的基础上科学拓展网络信息、实时信息与时事信息资源；只有不断丰富图书馆信息资源，才能科学地推动现代图书馆的信息资源建设；另一方面，图书馆要结合网络时代的关键词特征，使读者在搜索引擎进行信息查询的过程中，能够科学运用数字图书馆的信息资源，科学优化现代数字图书馆的信息技术处理能力。

总之，数字图书馆必须运用信息分析能力。在网络时代，信息已成为一种有价值的财富，只有科学运用数字分析技术，才能提高信息资源的利用率，才能有助于数字图书馆的创新发展。

### 3. 围绕转型升级，推动图书馆事业的发展

在服务理念上，图书馆要顺应数字化、网络化的时代要求，从"以资源为中心"的服务模式向"以需求为中心"的服务模式转变，提高服务效率，实现服务效益的最大化；建立复合多元结构的资源体系，满足读者个性化与深层次的需求，将信息资源建设重心从偏重纸质资源向纸质资源与数字资源并重、传统数字资源与原生数字资源并重的方向转变，建立切实可行的符合现代图书馆转型发展的信息资源保障体系。

图书馆在做好纸质文献借阅的传统服务模式的基础上，应科学发挥现代图书馆在信息资源整合、开发与挖掘等方面的优势，加快向"服务内容知识化、服务方式集成化、服务手段智能化"等新型方式转型，进一步完善数字图书馆信息资源服务平台，不断提高移动数字服务的能力与水平，建立图书馆创新转型服务的新平台。

### 4. 坚持需求导向，提高图书馆信息资源建设水平

图书馆的具体做法有：①以建设现代图书馆信息资源库为己任。科学整合各学科、各类型的信息资源，满足不同层次、不同年龄与不同职业的读者的大众需求，建立科学的信息资源保障体系。②加强公共图书馆文献信息资源建设。创建"用户需求"驱动的文献信息资源建设的新模式，根据服务对象的需求创新文献采购策略，从而保障读者对传统文献阅读的个性化需求得到实现。③加强图书馆数字库资源建设。科学调整纸质文献与数字信息资源的结构，在信息资源购置经费增加的前提下，进一步提高数字资源采购经费的比例。④加强与各级图书馆之间的交流与合作，遵循图书馆信息资源共享的原则，科学开展现代图书馆信息资源整合的建设工作。⑤科学运用网络技术对各种载体与类型多样的文献信息资源进行深度整合，提高文献信息的组织效率。⑥进一步建立纸质资源与信息资源相结合、传统借阅与新媒体服务相结合的服务模式。⑦利用网络技术，实时开展信息采集、挖掘与处理，为各类信息服务系统提供数据输入操作，加深信息服务的层次与深度。

### 5. 提高现代图书馆信息化运用能力

图书馆的具体做法有：①加强现代图书馆软硬件建设，加快图书馆综合建设平台的建设。图书馆应完善自助借还设备的功能，为读者提供 24 小时的自助借阅服务系统，同时提升手机图书馆的信息服务功能。②打造数字图书馆推广与整合工程的展示平台。图书馆应在综合阅览大厅放置 LED 显示屏、触摸阅读机、音像设备等，为广大读者营造愉悦的阅读氛围。③加强图书馆信息系统的保障建设。图书馆要加强信息安全监控体系，防止有害网络信息的传播，确保现代图书馆信息资源与服务的安全性。④提高读者管理能力。网络技术的日新月异，呼唤图书馆员要根据信息时代的特点，整合新的读者接触点，而不要留恋传统的服务空间与服务场所。发展策略应该从传统的藏书中心转化为读者服务中心，为读者提供多种渠道、多种模式的愉悦读书体

验。同时，现代图书馆要了解新时期读者的阅读心理与动机，关注读者的业务需求与信息服务需求等。⑤提高营销管理能力。网络时代，现代图书馆的营销管理可以借助大数据平台，对读者的信息行为、个人情况、搜索模式与借阅记录进行跟踪了解与分析，从而有的放矢地对读者进行个性化的信息营销服务，将完善的信息产品及时送到目标读者手中。⑥提高图书馆工作人员的信息素养。网络时代，提高图书馆工作人员的信息素养势在必行。图书馆要建立全员培训的长效机制，结合互联网发展的新要求，加强针对全馆职工的信息技术培训，加强图书馆专业、管理专业、计算机专业、古籍整理专业、重点文化工程等重点业务的培训。⑦创新切实可行的信息资源整合的科学途径与方法。图书馆应通过网络的联机编目、网络科学订购与网络公关检索，在网络中实现文献信息资源的科学整合，让图书馆工作的重点放在图书馆网络资源的科学配置上。为了规避馆藏文献的重复，图书馆要建立权威的全国公共书库的统一目录系统，建立对国家经济发展具有重要意义的专业数据库体系，建立全国统一的一次文献与二次文献数据库系统，建立切实可行的各级各区域的文献信息资源的科学整合，建立以网络为依托的全国性的统一公共书刊目录，发挥网络文献信息的快速传递作用。

网络时代，图书馆进行信息资源整合是大势所趋。图书馆工作人员不但要具备数据的理解与分析能力，而且要对大数据技术具有深层次的把握与应用能力，特别是大数据应用于现代图书馆方面的关键技术。此外，科学运用大数据分析工具与软件，全面整合新的图书馆信息网络资源也势在必行。

网络时代，图书馆工作人员还要与时俱进地探索与积累我国数字图书馆建设的实践经验，不断提高图书馆工作人员的信息素养，继续提升数字图书馆的综合实力与服务效率，为广大读者提供更加丰富多彩的文化信息服务，分享世界各地的文化与不同专业的科学成果，从而实现我国数字图书馆"跨越式"的发展。

# 二、高校图书馆信息资源整合与协调发展

## （一）传统信息资源的整合

随着网格技术、云计算等技术的兴起，图书馆藏书受到很大冲击，但由于传统馆藏资源的基础较强与读者的阅读习惯，使传统信息资源与数字信息资源并存。传统信息资源的整合主要体现在馆藏结构与配置方面。

1. 一个理想的馆藏结构应满足以下条件

①有利于提高藏书利用率，充分发挥馆藏文献的效益，通过对藏书的划分与组织，使这一情报源达到有序化，从而使藏书能够得到有效的开发与利用。②使藏书适应不同读者的需要，便于读者找到他们所需要的书刊资料。如贵州大学图书馆设置有新书专架，方便读者查找最新的图书资料。③便于图书馆工作人员熟悉和研究藏书，开展灵活、迅速、周到的服务。④有利于充分利用图书馆的有效面积，节约书库和阅览室的空间。有利于藏书的保管，延长书刊的使用寿命。如贵州大学图书馆已实现浏览一体化，即在书库靠窗处安放阅览桌，方便读者找书和进行阅读，节省空间，又可避免阳光直接照射书架书本，造成图书老化，使全开架图书能够最大限度地为读者服务。

2. 合理的馆藏配置决定服务质量

合理的馆藏配置有：①数量上的配置，包括存量和增量配置，也就是对现有信息资源和新开发出的信息资源进行配置，它是由学科文献资源的出版状态和读者需求情况两个因素决定的。②时间和空间上的配置。时间上，对馆藏信息资源在过去、现在和未来三种时态上进行配置。日常管理上，体现为对文献的更新、整架和有效安排上，并强调相应的秩序。空间上，因读者需求与分布格局的差异，应对馆藏结构进行科学合理划分，利用馆藏信息资源在不同部门和不同地区的分布，做好针对性服务，使读者便捷获取，提高服务效率。③在配置中进行优化组合。优化组合的目的在于满足读者的教学科研所需。通过调查研究、分析协商，确定选书选刊范围，给予特定结构调整，并按数量、时间和空间等因素配置相应的服务信息平台。

# （二）数字信息资源的整合

数字化时代的发展决定了数字信息资源的建设将逐渐成为图书馆馆藏建设的核心，为了去伪存真、淘汰过时信息、清除垃圾信息、避免重复浪费资源、使读者方便获取与利用、更好地为教学与科研服务，高校图书馆的数字信息资源整合工作也日益显得重要起来。

1. 数字信息资源整合的含义

数字信息资源整合是数字信息资源优化组合的一种存在状态，是在符合一定条件的前提下，将相对独立的数字信息资源实现无缝连接，进而产生一种新的知识组织方法，重新构建一个新的效能更好、效率更高的数字信息资源体系，其整合程度直接到关系数字资源能否被高效吸收与利用。

### 2. 数字信息资源整合的目的

①数字信息资源的特点就是载体的数字化和内容的数字化。数字信息资源的快速增长及其海量存储使它内容丰富庞杂、交叉重复，对用户的选择与获取产生了直接影响，造成效率低下的情况。高校图书馆通过对数字信息资源的整合，研发提供良好的选择工具和获取渠道，帮助读者顺利选择和获取数字信息资源，体现出图书馆数字信息资源建设的内在生存价值和社会意义。②数字信息资源的急速增长和存储，造成读者获取的资源泥沙俱下、良莠不齐，有精华也有糟粕存入其中。多数数据库为了全面收录，在资源系统中录入了大量价值不高的信息，这无疑干扰了用户对信息的获取。数字信息资源的整合可以减少信息资源的混乱程度，解决冗余信息所带来的浪费存储空间、浪费用户时间和精力的现实问题，尽力做到去伪存真。③数字信息资源知识模块条割状态导致知识关联程度低。知识本身是一个紧密联系的有机整体，而现在数据资源系统内的数据大都是孤立存在的，不能体现内在联系，给用户的信息检索和获取全文造成不便。数字信息资源的整合可以建立起各数字资源间的有机联系，为用户排除障碍，疏通信息渠道，以统一的界面向用户提供服务。④数字信息资源的整合，可以节约社会信息活动的总成本，提高整个社会信息活动的效率。

## （三）数字信息资源整合的方式

### 1. 以目录形式进行整合

图书馆数字信息资源随着数量和规模的迅猛增长，形式丰富多样。一本图书，不仅有光盘、磁带、音视频资料，还有电子版、网络版，同时还有数字化的虚拟形态。为了将这样相同和相关主题信息资源汇合连接，必须通过编目和著录，为用户提供统一、简单透明的目录。

### 2. 对信息检索方式进行整合

图书馆对数字资源进行整合，必须利用统一的界面向用户提供一站式浏览与检索服务，让用户以最快速度找到自己所需的信息资源，因此，对各类资源检索方式进行整合就非常重要。

（1）数据库之间检索方式的统一。针对各种光盘数据库、网络数据库、自建数据库在内容上有重复、检索界面不统一、检索方式各异的现象，开发新的系统，提供给用户一个统一的检索平台，用户只需进行一次检索，就能实现对馆藏各数据库的交叉检索，并且由系统自动对命中结果进行查重处理，不但节省了读者时间，而且提高了数字资源的利用率，实现信息的增值服务。

（2）实体资源与虚拟资源检索方式的整合。高校图书馆实体资源与虚拟资源是相互依存又相互区别的信息资源，两者构成了馆藏信息资源的总和，将长期并存。由于高校图书馆馆藏实体资源与虚拟资源之间缺乏统一规划和整合，所以在整合过程中既要充实馆藏实体资源，又要加强馆藏虚拟资源的引进。连接将传统的书目资源系统与数字资源的检索整合系统进行，形成一种全新的信息资源组织体系，为读者提供相应的检索服务。

（3）利用资源导航进行数字信息资源的整合。资源导航是对数字信息资源进行管理，从数据库或文献类型方面进行分类、描述，提供链接和检索等相关服务。根据数字资源类型不同，建立电子期刊、电子报纸、会议论文集等不同的资源导航库，提供按信息资源名、关键词、资源标志等获取资源的途径。资源导航系统有字顺浏览功能、分类浏览功能、关键词检索功能，能够帮助读者迅速找到信息资源，并利用超文本链接提供检索入口，对该资源进行目录或全文检索。

## （四）加强高校图书馆信息资源的协调发展

### 1. 加强传统信息资源与数字信息资源的优势互补

由于读者对传统信息资源与数字信息资源都有所需求，因此，高校图书馆必须要有超前的数字化意识，在积极做好数字信息资源整合和服务的同时，珍惜传统信息资源，充分发挥其作用，避免只注重对数字信息资源的建设，而轻视对传统信息资源的投入和服务。在两者交融的基础上，对传统信息资源和数字信息资源进行整合，形成两种主体信息资源的优势互补，建立起高校图书馆的信息资源保障体系。

### 2. 加强传统信息资源与数字信息资源的合理配置

信息资源的建设是图书馆整体建设发展的核心。传统信息资源与数字信息资源的结构，配置与质量协调一致，对适应学校教学与科研的需要具有非常重要的意义。例如，贵州大学图书馆现在馆藏图书 379.86 万册，在丰富传统信息资源的同时积极推进数字化资源建设，拥有电子图书 133 万册，中外文电子文献数据库 18 个（包含 CNKI、维普、万方等 9 个中文全文数据库，以及 Elsevier SODS、Springer、ACM 等 9 个外文全文数据库），初步形成了传统信息资源与数字信息资源收藏结构合理、应用广泛的馆藏布局。目前，新图书馆已落成，建筑面积达 59539 平方米，阅览座位数达 8000 个，贵州大学图书馆正向着更高的目标稳步迈进。

### 3. 加强高校图书馆之间信息资源的共享

高校图书馆要实现信息资源共享，必须拥有一个功能齐全、完善的信息资源管理系统和管理机制，以便可以及时、准确地为读者提供信息资源服务。建议采取以下措施：①建立高校图书馆信息资源共享联盟。加强高校图书馆之间的沟通与合作，共建信息资源共享的有效机制，为高校图书馆信息资源共享提供良好环境。②根据各高校图书馆的定位和特色，建立丰富多样的信息资源体系。③利用先进的信息技术，加强信息资源的整合。通过信息资源管理系统，实现真正意义上的信息资源共享。④健全与完善相关的法规保障机制和信息安全保障机制。⑤加强对信息人才的培养，为高校图书馆信息资源共享服务。

总之，高校图书馆的信息资源整合与协调发展就是要对信息资源建设进行全面权衡，做好整体规划。根据学校整体目标以及学科建设、教学与科研等特点，对传统信息资源与数字信息资源两种主体资源进行整合，使其能够协调发展，避免重复建设，做到相互适应、有机配合、优势互补。还要加强图书馆之间的合作，互通有无，为资源共建共享做出应有的贡献，最大限度地为教学科研服务。

# 第三节　高校图书馆纸质图书与电子图书整合

目前我国信息科学技术呈现快速发展的趋势，使得当前高校师生的阅读情况也发生了相应的转变，科研人员以及学习者对于图书资源的获取渠道也不断扩大。为了更好地适应社会的发展以及读者的实际需要，当前高校图书馆需要进一步扩大电子图书的总体数量，此外电子图书也是衡量高校图书馆现代化水平的重要参考依据。电子运营商为高校图书馆提供了充足的电子图书，有的高校也直接通过采用运营商的图书管理系统为读者提供相关流通服务。但是当前纸质图书都是通过具体的分类来进行编目，经过购买后才会依次录入到图书馆的信息管理系统中，为读者提供相应的流通服务。所以当前高校都是实行纸质图书与电子图书分离的流通服务模式。

# 一、纸质图书与电子图书流通服务中存在的问题分析

## （一）纸质图书馆和电子图书馆脱节

现阶段我国科学技术发展较快，在电子图书出版的过程中，技术人员会将纸质图书排版为电子图书稿件，然后通过电子文稿，印刷出相应的图书。相关出版机构会同时保障纸质和电子文稿的两种版权，但是在实际出版的过程中都是以图书出版为主要业务，电子图书得不到应有的有效重视。

当前电子图书的出版都是由相关商业公司介入后，获得了相应的出版权才能够实现。但是这样会导致出版方与书籍制作单位之间联系中断，导致纸质与电子图书不能同步面市，导致出现资源浪费以及管理分配不均匀的问题。

## （二）在检索和利用等环节的脱节

当前大多数高校都是通过相关的管理信息系统来对纸质图书实现信息化的管理，然后通过数据格式模式实现图书的分类编排工作，从而更好地辅助目录完成查询检索。电子图书与纸质图书在目录查询编排过程中存在着一定的差异性，不将目录进行全面整合，会使纸质图书与电子图书之间的管理系统相互分离，对于图书查找以及信息检索的利用效率具有一定的影响。当读者在图书查找过程中进入图书馆信息系统时，通过链接目录以及电子图书进行查找时，会大幅度延长读者信息查询时间，查询的结果也不太理想。

## （三）图书管理结构不合理

当前高校图书馆的实际藏书量是衡量图书馆综合实力的重要参考依据。图书馆在实际管理过程中的众多问题就容易产生纸质图书与电子图书之间不能有效整合流通的情况。纸质图书与电子图书之间有较多的内容是相互重复

的，从而使图书馆资源造成了一定的浪费，以及占据有效的馆藏空间。大量购买同质化严重的纸质图书不能满足读者的需求，收藏价值高以及有特色的图书又会增加图书馆的成本。

## 二、高校图书馆纸质图书与电子图书整合流通的措施

当前要想更好地实现纸质图书与电子图书之间的整合流通服务，首先就需要改善两种图书服务之间的脱节现象。要更好地处理此类问题，可以从以下三方面进行探析：首先，要加强国家信息化工程建设；其次，要处理好出版商与开发商之间的联系；最后，要加强高校图书馆层面的有效管理。

### （一）加强国家信息化工程建设

现阶段要想全面实现纸质图书馆与电子图书之间的整合流通，不单是单个图书馆就能完成的工作，而是需要从根本上推进国家信息化工程建设。将二者的有效连接整合作为长远的发展计划，成立具体的部门进行技术设计引导，在必要的环节要投入相应的资金，以保障各项工作的有序开展。此外图书馆还需要紧密联系图书发行商以及系统开发商，通过协同工作促使各项工作的效率有效提升。

### （二）出版商与系统开发商之间的联系

当前高校图书馆图书的出版发行商以及系统的开发商是图书馆各项服务以及综合技术的提供者，对高校图书馆的流通服务具有重要的作用。但是现行图书馆的管理方式导致资源分散浪费以及实际供应不足等，也是实现整合流通服务的主要限制性因素。所以当前如果想要更好地实现电子图书与纸质图书之间的整合流通，扩大资源的实际利用程度，在图书发行生产的过程中，出版商与系统开发商之间要相互沟通协调，对书籍的内容进行优化组合，使内容更好地统一，避免出现资源浪费分散的情况。此外，在进行文献检索过程中，电子图书与纸质图书需要采取相同标准的著录方式，从而实现检索的同步和统一化。

### （三）高校图书馆的实际管理层面

当前高校图书馆不论是电子图书还是纸质图书，自身存在的价值就是为

读者提供相关的阅读服务。只有二者的相互配合，才能更好地实现图书的整合流通。所以当前高校图书馆需要建立完善的馆藏数据库，根据自身发展的现状对图书馆馆藏结构以及综合管理结构进行有效调整。

高校图书馆需要根据当前图书分类编排模式将电子图书与纸质图书进行有效编目，在目录数据部分要设置相关条目，从而更便于读者进行文件检索。在文件上标注出具体的文献载体模式，建立起完善的电子数据库。电子图书与纸质图书之间各有其优缺点，纸质图书不受相关阅读设备的影响，且收藏以及阅读价值较高。所以当前高校图书馆在设计图书馆馆藏结构时需要综合考虑各方面的因素。在实际购入图书时，需要考虑到读者的需求以及图书的实际价值，要适量购入收藏价值高以及文学价值高的图书。

此外，与纸质图书相比，电子图书也具有无法替代的优势。比如，电子图书的阅读不受空间环境的限制，对文献的搜索而言更加便捷，且价格也较为便宜，无须到图书馆进行借阅就能获取全书。所以当前高校图书馆也要更加重视电子图书的实际购买，使得纸质图书与电子图书之间的结构达成合理化的标准，将各类图书自身的价值扩大化。此外高校图书馆还需要从读者自身的角度出发，选取借阅量较大的图书，以及各类考试应用书籍，尽可能减少网络免费电子书的购入。

总而言之，当前高校纸质图书与电子图书的整合流通是图书馆运行发展的重要方面，要加快资源信息化系统建设，协调发行商与系统开发商之间的资源联系，建立全面检索、发行等一体化的服务系统，从而才能更好地为广大读者提供更优质的阅读流通环境。

# 第四节　数字图书馆信息资源整合与服务模式创新

在网络信息技术高速发展的当今社会，云计算技术随着网络的发展逐渐被应用到各行各业中，对我国社会和经济的发展产生了极其重要的影响。而基于云计算技术的应用，对图书馆在探索数字化建设过程中的资源整合和服务工作进行了研究，希望可以借助资源整合和服务模式的创新探寻新的发展道路，在新时期激烈的市场竞争中获胜。本节从云计算环境影响下数字图书馆的信息整合工作入手，对创新数字图书馆服务模式的措施进行了适当的分析，希望能够为云计算环境下数字图书馆的良好发展提供相应的支持。

# 一、云计算影响下数字图书馆的信息资源整合工作

云计算是一种较为先进的技术手段，合理应用云计算技术可以对资源进行有效的整合，使资源的存储量得到进一步提升。将云计算技术应用到数字图书馆的建设过程中，图书资源能够得到最大化的使用，图书馆的馆藏量也必然会有所增加。因此要想促进数字图书馆事业的持续稳定发展，就应该进一步加强对云计算技术的应用，探索相应的信息资源整合措施，为云计算环境下数字图书馆的良好发展提供相应的保障。一般来说，云计算背景下对数字图书馆信息资源的整合包含以下几方面的内容：

首先，对数据的整合。数据整合是云计算背景下数字图书馆进行信息资源整合的重要方面，只有保证数据整合质量才能够为信息资源的整合奠定基础。简单地说，数据整合就是将不同的分散数据库进行有效融合，从本质上将其转变为新的数据管理系统，实现对多数据下的共同点进行适当的提取和归纳，能够促使数字图书馆中的数据库实现系统化发展。

其次，对信息系统的整合。在应用云计算技术对数字图书馆的信息资源进行有效整合的过程中需要保证信息系统整合的效果，即在多个数据库的情况下，不同数据库应该使用相应的信息系统，保证信息系统的契合性。在云计算模式下对这些新系统进行有效整合则能够建立一个多元化的、可以供多种数据库共同使用的系统，数据库中的框架和结构也可以实现高度的统一，为用户的使用创造良好的条件。

最后，对用户检索方式进行合理整合。信息技术的发展和在图书馆中的应用促使客户的需求也发生了一定的变化，数字图书馆在对用户检索方式进行整合的过程中应该结合用户的不同需求对检索方式进行合理创新，增强用户信息检索的精准性，满足不同用户的实际需求，提升客户的满意度。

这样，借助多方面的信息资源整合，在云计算背景下数字图书馆就能够获得一定的发展优势，从而吸引更多的读者，为图书馆在新时期的良性发展奠定相应的群众基础。

# 二、云计算环境下对数字图书馆服务模式的合理创新

对信息资源进行合理整合的主要目的是逐步提升图书馆为读者提供信息服务的质量，进而逐步增强图书馆的竞争力，促使图书馆在新时期获得更为稳定的发展。因此在云计算背景下，基于对云计算技术的应用，数字图书馆应该结合本馆服务对象的实际情况积极探索多元化的服务模式，对服务模式进行合理创新，保证本馆服务工作可以获得读者群体的广泛认可，促使图书馆在云计算环境下真正实现持续稳定发展。

## （一）全方位用户交互服务

在云计算环境下用户对信息技术的应用能力逐渐增强，开始将交互式信息服务作为自主获取相关信息的重要方式，并且更将为关注在接受服务过程中交互性的设计，希望信息能够以双向互动的方式在信息提供者和用户之间进行广泛的传播。而基于对云计算技术的合理应用，数字图书馆可以借助云计算技术所创造的统一虚拟平台，为用户提供无障碍的信息借阅和查询服务，使用户可以随时随地找到所需资源和图书馆管理人员，保证用户的需求能够得到充分的满足。同时，基于双向互动模式的应用，图书馆管理人员能够发现用户，并结合用户的信息需求情况对资源流向进行实时分析，进而与用户实现良好的交互过程，将用户隐性的知识转变为显性的体系，为教育教学质量的全面提升提供相应的保障。此外，在实际应用云计算技术的过程中，由于云图书馆具有一定的开放性和用户参与性特征，因此数字图书馆实质上也可以为用户提供一定的信息推送服务。以 Web2.0 服务方式为例，在实际应用云计算技术后，图书馆就可以借助对信息资源的整合和社交网络的联合，借助自动化的信息处理和网络分工逐步提升数字图书馆数字资源的实际服务质量，真正通过全面的交互促进图书馆服务水平的进一步提升，为新时期数字图书馆的良好发展提供坚实的保障。

## （二）精准的智能信息检索服务

在数字图书馆应用云计算技术构建本地区内数据仓库对馆藏资源进行有效整合的过程中，对数据挖掘技术的探索和实践能够在一定程度上增强信息检索的智能化程度，进而借助动态内容方面的搜索引擎，实现对互联网中相

关信息的深度挖掘，为用户提供主动分析、设计和改造的个性化资源服务，对资源服务机制进行全面完善。同时为了进一步提升数字图书馆信息检索服务的精准度，在应用云计算技术对检索系统进行适当完善后，在用户输入有待检索的信息后，系统能够结合用户的关键词实现自动搜索、权衡并准确判断出用户所需资源，在这一过程中系统借助复杂的计算和认知推理，能够保证答案的针对性和精确性，用户的检索效率可以得到进一步提升，对数字图书馆整体服务水平的提升产生相应的积极影响。

### （三）一体化的综合信息服务

云计算技术的应用和云计算环境的构建在一定程度上对数字图书馆的信息服务提出了更高的要求，希望数字图书馆可以实现用户的统一认证，并且对经过统一认证的用户发放数字证书，作为在网络中唯一用来识别用户身份的凭据。基于此，在凭借云计算技术全面了解用户群体的信息服务需求后，数字图书馆在实际发展过程中可以结合异构数据库整合构建统一性的检索平台，让用户能够在多个平台上完成统一的查找和借阅，可以有效提升数字图书馆的信息服务质量。同时，借助对统一性检索平台的构建，不仅用户所获取的信息会更为全面，且受到信息全面性的影响，读者对图书馆资源的利用率得到进一步提升，对我国图书馆事业的良好发展也会产生相应的积极影响。所以新时期基于云计算技术的应用在对数字图书馆信息资源服务模式进行创新的过程中可以尝试提供一体化的综合信息服务，为图书馆的健康稳定发展提供相应的支持。

综上所述，云计算背景下数字图书馆积极探索信息资源的整合和对图书馆服务模式的创新是数字图书馆的必然发展趋势，数字图书馆在实际建设过程中只有把握住云计算技术的应用优势，合理探索信息资源整合和创新服务模式的措施，才能够在新时期满足读者多样化的服务需求，才能真正获得读者群体的认同，实现更好的发展，为我国图书馆事业建设贡献一定的力量。

## 三、"互联网+"数字图书馆资源整合模式

"互联网+"代表一种新的信息时代常态，并推动着一种新型互联网思维模式的演进。其过程更是一种传统产业不断升级、转型的过程。"互联网+"推动着社会各产业与互联网技术的融合，其动力来源于大数据、云计算、移

动互联网络等。"互联网 +"数字图书馆的资源整合内涵即是云计算、移动互联网、大数据等信息技术与数字图书馆的深度融合，并助力信息资源整合全过程，打造优化组合、利于检索、知识性高的资源整合模式。"互联网 +"环境下的数字图书馆资源整合模式主要有基于 OPAC 的资源整合模式、基于异构数据库的资源整合模式、基于超链接的资源整合模式以及基于知识本体的资源整合模式。

## （一）基于 OPAC 的资源整合模式

OPAC（ Online Public Access Catalogue ）联机公共检索目录，是数字图书馆最基本的信息检索途径。基于 OPAC 的信息资源整合就是以 OPAC 系统中的各类数字资源对象、类目及其相互之间的功能结构关系为基础，对数据资源进行加工、整合、分类、类聚，并通过这一过程，以数据资源为基础，产生一个向文献全文、文摘、类目、图像、音视频等各类信息资源扩展的全方位、立体化的资源体系。其整合优势在于以 OPAC 系统为基础，使整个资源整合过程依托于数字图书馆管理系统，从而可以具有很好的系统资源基础，以及集成的系统架构。并且，在资源整合的过程中，基于 OPAC 的资源整合模式将"实体资源"与"虚拟资源"融于一体，构建 OPAC 整合模式的一站式检索系统，将数字图书馆中分散多样的信息资源整合到一体化的书目数据库中，形成方便快捷的整合型 OPAC 资源检索平台，如此，既给用户检索信息带来便利，又提高了数字化信息资源的使用价值及利用率。同时，基于 OPAC 的资源整合模式以 Z39.50 协议为基础，运用 Open URL 技术，对书目、文摘、全文实现可视化的、从资源内容到用户检索界面的全方位资源整合；并利用 SFX、hook 机制实现服务器链接功能，从而扩展本地数字图书馆资源的信息检索范围，实现异构资源的无缝链接，并与其他数字图书馆的 OPAC 检索系统互联，构建异构互检操作平台，实现数字图书馆 OPAC 资源的全面整合，最大限度地满足信息用户的一站式信息检索。

那么，随着"互联网 +"成为热点，数字图书馆在这一新的信息技术环境下，云计算、移动互联网、大数据技术的广泛应用，给优化 OPAC 资源整合模式带来了更强的技术支持。推动基于 OPAC 资源整合功能的改进与创新，"云"与"端"的资源利用，无论是 OPAC 上的云登录还是云搜索，都将为用户呈现一种"云"模式下的 OPAC 整合架构中的一站式完美体验。例如，清华同方、知网推出的 TPI 数字资源整合平台系统，完全兼容 MARC 标准、支持 Z39.50 协议、支持 XML 文件格式，支持统一认证和单点登录，再加上移动互联网的技术支持，基于移动终端的 OPAC Web，更可以让用户体验足不出户的一站式检索。这些都完美验证了"互联网+"对数字图书馆资源整合模式的优化支持作用，当然，进一步的优化还在继续。

## （二）基于跨库检索的资源整合模式

跨库检索平台是指用户在一个检索系统界面上检索信息时，检索对象是针对多个同构或异构数据库，开展同一检索平台检索的过程，此过程称为跨库检索，这一平台也称为统一检索平台，它不仅可以完成一站式信息检索，检索出分布在多个数字图书馆或多个数据库系统中的资源信息，又能完成检索结果的集成，并统一可视化地展示在用户的检索界面上。其显著优点是在整个检索过程中，读者用户只需登录一次，就可以实现系统化、一体化的数字图书馆整合资源的全方位检索功能，这样既方便快捷，又大大提升了资源的利用率。

而"互联网+"技术支持下，数字图书馆重点是对检索界面和异构数据库进行一站式系统整合，通过概率相关计算模型及向量检索设计模型对数字图书馆一次、二次、三次信息进行资源整合，目的是构建统一的检索平台，在这种一站式的检索系统中，实现异构数据的跨库无缝对接。例如，中国高等教育文献保障系统（CALIS）的特色数据库群，建立在可独立运行的各个特色数据库基础上，既具有可分布检索的功能，又是一个基于集中式元数据库的特色资源库中心门户，让用户只需一次检索，即可从所见数据库中获得自己所需信息。目前，云计算和移动终端的技术发展，无论是资源存储、信息检索，还是终端界面都是基于跨库检索资源整合模式的强大后盾，并促使整合过程更加优化。

## （三）基于超链接的资源整合模式

基于超链接的信息资源整合模式，是利用互联网的超文本特性，通过超文本链接机制，将存在于异构资源系统中的信息实体及信息实体基本属性间的内在关系整合起来，组成一个有机的信息资源网络，以满足读者用户的一站式高效检索需求。其资源整合过程的优势在于这一资源整合模式采用超文本链接技术，能够从多种关系进行定位和链接整合数字图书馆的网络信息资源。而在"互联网+"环境下，云存储和大数据技术日益成熟，基于超链接的资源整合模式的优势则更加突出。云计算及大数据的数据挖掘、知识发现技术也都是很好的超链接资源整合模式的支持技术。例如，数据库公司万方作为一个综合的数据资源整合平台，采用云图的方式直观地揭示当前的关注热点，使检索内容一目了然，用户在云图上检索能够清楚地了解研究热点。可以说，在"互联网+"技术的推动下，基于超链接的资源整合模式在数字图书馆资源整合事业中将有更加突出的作用，为数字图书馆提供更佳的信息资源整合效果。

## （四）基于知识本体的资源整合模式

知识本体的核心是对概念及概念间的相互关系进行描述与揭示，是一种对领域知识进行规范化的抽象与描述的工具和方法，是面向领域的通用概念模型。其本体概念关系类型主要包括领域知识本体、通用知识本体、应用知识本体和元知识本体。基于知识本体的资源整合模式就是基于领域知识本体、通用知识本体、应用知识本体和元知识本体等本体形式开展从资源概念、语义层对数字图书馆资源进行知识性整合，实现资源知识规范的抽象与描述，以达到数字图书馆资源的知识共享和重用。

相对于上述三种资源整合模式，基于知识本体的资源整合模式是一种基于语义层的、更加知识化的资源整合模式，它是有利于数字图书馆数字资源整合向知识整合方向发展的一种整合模式。随着"互联网+"环境的发展，云存储、移动终端、大数据分析技术等对于资源整合向知识整合发展起到超强的助推作用。基于知识本体的资源整合模式必将大大提高信息存储的知识含量，增强了数字图书馆资源的知识价值，从而能够提高信息检索的效能。

"互联网+"代表着一个新的信息技术环境的演进，"互联网+"数字图书馆，也必然会支持优化数字图书馆的资源整合过程，改进和创新原有的信息资源整合模式，使"互联网+"环境下云计算、移动互联网、大数据等技术支持的数字图书馆资源整合模式更有利于数字图书馆信息服务能力的提升，以及提高数字图书馆资源利用率和用户满意度。

# 第五节 网络开放学术信息资源整合建设

网络学术信息资源的广泛应用是网络和信息技术对学术领域全面渗透的结果，它补充并延伸了传统的学术信息交流，并和传统学术信息交流共同构成了一种复合式的学术信息交流环境。它不仅是对传统的学术交流体系的重大变革，而且对学术思想的发展和学术研究的重要性也日益突出起来，显示出强大的生命力。然而由于网络学术信息资源出版的分散性，以及数字信息资源的易拷贝、易扩散等特点，导致信息重复率高，无序性突出。与此同时，网上的学术信息资源也缺乏统一的管理和描述规范，因此用户在方便获取大量信息的同时也增加了人工选择的难度，尤其是科研用户想要检索到切实有用的信息资源便需要付出很大精力，这就大大影响了网上学术信息资源的利用效率。基于现实情况，了解网络开放学术信息资源的概况，分析网络开放学术资源整合建设的必要性，提出其整合建设的政策措施，对推动网络开放学术信息资源的开发和建设具有十分重要的意义。

## 一、网络开放学术信息资源概念界定

谈到网络开放学术信息资源就不得不说网络信息资源，网络信息资源是指通过计算机网络可以利用的各种信息资源的总和，具体是指所有以电子数据形式把文字、图像、声音、动画等多种形式的信息存储在光、磁等非纸介质的载体中，并通过网络通信、计算机或终端等方式再现出来的资源。网络开放学术信息资源是网络信息资源的组成部分，但笔者界定的网络开放学术信息资源应该称之为狭义的网络开放学术信息资源，因为本节所探讨的网络开放学术信息资源并不包括专门学术机构、学术组织开发的商业性电子期刊、电子图书及各类数据库，而专指人们借助于网络平台，将各自的学术思想、学术成果等经网络汇聚并在开放的环境中进行讨论、交流的学术活动中产生的信息资源。这种网络学术信息资源是完全免费且通过网络能够自由获取的，其形式多样，包括开放获取资源、学术博客、学者个人主页、学科专业论坛、学科专业网站、网络免费会议文献、学术新闻等。

现在学术界对网络开放学术信息资源整合建设的研究逐渐增多，尤其是对 OA(Open Access)资源整合的研究,无论是高校图书馆、公共图书馆、专业图书馆抑或是个人都在不同程度地对 OA 资源整合进行研究且将其付诸实践,扩充并丰富了自己的馆藏资源。个别单位对学术新闻、会议资源等也有不同程度的整合建设。比如,中科院国家科学图书馆的"科技新闻聚合服务系统"以及"重要会议开放资源采集与服务系统",都是对网络免费学术信息资源整合建设的典型案例。然而对其他类型的开放学术信息资源整合建设实例却很鲜见,这在一定程度上影响了网络学术交流的顺畅进行,在现在开放的环境下,如果对类型各异的网络开放学术信息资源进行整合建设,将对丰富学术交流环境大有裨益。

## 二、网络开放学术信息资源整合建设的必要性分析

### (一)用户多样性信息的需求

随着网络的发展和普及,广大的科研用户获取信息的渠道不再仅仅限于图书馆等信息服务机构,而是将目光更多地转向互联网。科研主体主要有高校教师、科研院所的研究人员等,他们一般都是集教学和科研为一身并承担着不同学科领域的专业教学和专题研究任务,他们需要了解和掌握本学科、本专业、本专题领域的现状和发展趋势,并时刻关注着科学发展的最新动态和前沿成果,所以他们迫切需要利用方便、快捷、丰富的网络学术信息资源获取各种动态性、系统性和综合性的学术信息。在新形势下互联网已经成为各个科研人员获取信息的主要途径,但互联网上学术信息资源纷繁复杂,这给科研人员检索利用带来很大不便,基于这一现实整合网络开放学术信息资源系统是满足其需求之策。

### (二)OA 免费资源的兴起

开放获取(Open Access)是一种学术信息自由共享的理念和出版机制,在这种出版模式下,学术成果可以无障碍地进行传播,任何科研人员可以在任何地点和任何时间不受经济状况的影响自由免费地获取和使用学术资源。目前开放获取运动已得到广大科研用户的承认和青睐,无论是国内还是国外都在积极推动开放获取运动的发展。可以说 OA 运动的发展为我国网络学术交流提供了一个发展契机,人们在获取 OA 资源的同时,也开始关注其他网

上免费学术信息资源，同时也激起了人们对其他网络学术信息资源开发和利用的热情，并且在理论和实践上都积极行动。

## （三）网络资源长期保存的需要

网络信息资源是我们这个时代社会的见证，如果不进行保存，我们就会慢慢失去我们的社会记忆。网络上资源类型复杂、种类繁多，对其长期保存要有选择性。传统文献资源的出版具有过滤机制，网络出版具有随意性，网络信息资源的质量难以保障，所以对网络开放学术资源的整合建设，就要选择合适的资源，而且对信息资源的学术性和质量等都有要求，因此网络开放学术信息资源整合建设也有利于网络信息资源的长期保存。

# 三、网络开放学术信息资源整合建设的总体目标

网络开放学术信息资源整合建设是从网络学术信息资源获取利用的困境中提出来的，它既是图书出版业、情报界等领域网络学术信息资源建设的重要任务，也是网络资源建设领域的一个重要的研究课题。网络开放学术资源整合建设，首先要调研资源现状：分析网络开放学术资源的类型、分布情况、组织发布方式、是否实现了整合、整合的程度如何等。调研的目的是对各类型网络开放学术资源有计划地开发建设，建立比较完善的网络开放学术信息资源整合建设体系，实现对开放获取资源、学术博客、学者个人主页、学科专业论坛、网络免费会议文献、学术新闻等开放学术资源的采集、标引组织、保存以建立各类型资源的数据库系统。

中国科学院现正在对开放教育资源、社会经济数据、开放会议文献、综合科技资源进行建设，在已有技术和成功经验的借鉴下，需要对其他类型开放学术资源进行相关有计划、有步骤的建设，且在分散建设基础上整合，以发挥网络开放学术资源更大的作用。为了将其实现，可将网络开放学术资源纳入信息资源建设的体系中，在现有 NSTL 国家科技文献保障体系基础上，联合高校系统、国家图书馆，完善国家级的文献保障体系，同时加强综合科技开放资源的建设和合作，在初具规模和体系后，纳入国家平台，并长期保存，持续建设，与各种购置的文献资源一起，完善国家科技资源保障体系。

# 四、网络开放学术信息源整合建设机制

网络开放学术资源整合建设机制，从两方面分析，一是对分散尚未整合的资源进行采集、标引、组织和保存；二是对已部分整合的资源直接拿来利用或采用集成建设的方法。

## （一）从资源的发现获取、评价遴选、采集、标引组织等方面，合理规定分散资源的建设机制

（1）动态的发现获取网络学术信息资源，从跟踪重要学术机构和权威发布机构、官方网站、知名学者专家主页等方面入手，并通过搜索引擎、开放学术资源门户网站、学科门户网站、用户调研和推荐等多种途径，掌握主要网络开放学术资源的类型、数量、发布形式、内容特征，分析总结不同类型、不同来源的开放学术资源的发现途径和方法。

（2）对资源质量进行评价，对资源的真实性、可靠性、权威性进行科学甄别，选择有价值、符合网络开放学术资源规范的整合类型。在用户需求调研和资源调研的基础上，参考期刊、会议文献等传统资源的遴选评价指标体系的研究成果，完善用户参与的分析、评价和遴选机制，确定开放学术信息资源的遴选原则和定性、定量分析评价指标。网络开放学术资源遴选应遵循资源建设的原则，遴选有权威性、前沿性和准确实用的开放学术资源。

（3）合理制定开放学术资源采集标准和规范，根据网络开放学术资源的特点，采用差异化的采集策略，拟定不同来源、不同类型开放学术资源题录信息或全文资源的采集规则与采集方法，设计合理规范的采集流程。因为分散的网络学术资源一般没有经过规范化标引组织，所以无论采用何种方法采集，可能都需要人工的后续处理，对资源进行查重和规范化描述。

（4）制定全面可操作性强的元数据规范，对不同类型的网络开放学术资源进行规范化的描述，在资源的组织层面实现异构化资源融合，为后期资源集成做好准备。实现所有类型网络开放学术资源的整合是个很庞大的任务，要采取协同合作的方法，主管部门制定统一标准，合作单位负责具体实施工作，在统一调度下保证方案的完成，这同时也避免了重复建设。

## （二）已有资源整合系统的主要建设工作是系统集成

对已实现整合的资源系统，要分析整合系统具体情况和规模，整合资源类型、数量等，遵循开放接口标准与协议和元数据标准等，选择最优集成方法。

对网络开放学术资源建设的最终目的是实现所有系统的集成，最终实现多数据库同时检索，分数据库显示检索结果的目的，建立网络开放学术资源共享平台，实现一站式的检索服务。

网络开放学术信息资源作为一种重要的信息资源，如能对其规范整合建设并提供给科研用户使用，将对学术交流活动产生重大影响。但由于技术、基金、政策等方面的限制，现在国内对网络开放学术资源建设仅限于个别类型资源，还没有对所有网络开放学术资源整合建设的实例。本节从网络开放学术资源概况、整合建设必要性、整合建设的目标等方面出发论述了网络开放学术资源整合建设的重要性，期望能对网络信息资源建设起到启发作用。

# 第四章 图书馆档案信息管理

## 第一节 信息化建设在图书馆档案管理 中的必要性

在经济社会快速发展以及科学技术不断进步的新形势下，人们在日常生活和生产中应用各种互联网、信息化以及云计算等先进技术的地方也越来越多，对图书馆中的档案管理工作来说，也需要做到与时俱进，不断推进信息化建设，实现档案管理工作质量和效果的提升。这主要是由于先进的信息技术在图书馆的文件管理中的应用，不仅可以确保各种内容的失真和损耗等问题不会在档案保管库中出现，而且还方便读者可以通过信息化平台来对电子档案信息或者其他所需要的资料进行快捷的查询。

### 一、图书馆档案管理信息化建设必要性分析

在目前信息时代的背景下，图书馆档案管理工作进行信息化建设工作的开展是信息时代发展的必然趋势。在信息化的过程中，开展人工方式记录管理的传统方式已经不能满足档案管理在信息爆炸时代下的要求，导致记录容易出错、文件丢失和纸发霉、油墨脱落等，还要占用专门的档案室来等进行纸质档案的存储，容易由于火灾等事故而造成档案灭失等一系列问题。而通过图书馆档案管理中的信息化建设，则可以实现在互联网平台上的庞大的档案信息的存储，不仅不会出现上述问题，而且只需要做好对计算机系统设备的保管即可。通过此计算机平台还便于读者进行图书和档案信息的快速查询，也可以快速定位图书放置的位置，满足读者的阅读要求。同时通过此信息化建设还可以实现档案信息的共享，便于用户从不同位置和方式登录平台进行

便捷的信息获取，实现读者的档案信息阅览时间的节约和管理人员工作量的减少，实现档案管理效果的优化。

图书馆档案管理的主要内容，主要就是对人事档案、文书以及业务和设备等档案进行管理。其中的人事档案不仅包括图书馆用户的相关资料，还包括各种图书的借阅情况。文本档案则主要有上级领导所下发的工作文件、会议纪要、工作总结、工作计划以及向上级机关发送的请示文件等。业务档案则主要有本部门日常活动的开展情况以及业务完成情况等信息。最后的设备档案则主要有图书馆设备的等级、核对和维修等情况以及报损、报废物品的核实登记信息等记录。

## 二、促进图书馆档案管理信息化建设的对策分析

目前图书馆档案管理中已经逐步在开展信息化建设，而且也取得了一定的成效。但目前在开展上述工作的过程中，发现缺乏信息化管理意识为主的问题，导致没有充分发挥出开展图书馆档案管理信息化建设的优越性。也就是出现了开展图书馆档案管理中的人工纸质档案管理以及电子档案管理的交叉管理模式，这更是增加了工作人员的工作量及经济投入。此外，还有目前在安全信息平台方面的问题，不仅是因为缺乏导平台的建设投资，还由于目前技术的限制。不仅如此，目前的档案管理人员中还存在对此种新型管理模式比较抗拒以及观念无法顺利转变的问题，加之其工作能力偏低且不主动进行学习，影响了信息化建设的进程和建设工作效果。因此针对上述问题，就需要通过以下措施来进一步推动图书馆档案管理的信息化建设工作的开展。

### （一）制定现代化的档案管理制度

针对目前开展图书馆档案管理工作所依据的管理制度都已经编制和执行了较长时间的现状，在目前的信息化快速发展的形势下出现了此制度与目前的档案管理要求脱节的问题。因此就需要针对原有制度中出现的上述脱节问题的内容进行删除，然后结合当前现实需求来对管理制度进行重新编制或者是改进完善。重点就是要在开展上述制度的重新编制或改进之后，保证此制度中明确说明档案信息化管理工作的内容、标准、安全管理等内容。保证通过此制度的执行和落实来降低档案管理问题发生的风险以及实现档案管理工作有序开展等良好的管理效果。

## （二）加强对信息化管理意识的培养

对目前档案管理部门中的负责人以及相关工作人员来说，需要逐渐接受信息化时代下的新型档案管理的理念和模式，转变传统的管理思维，提高信息化管理意识。上级部门需要提高对信息化建设的重视程度，加大资金投入来推进信息化建设的顺利开展并保证信息化管理的安全性，还要投入大量的人力来进行相关技术和规章制度的完善，为档案管理的信息化建设以及档案信息化管理工作的开展提供一个良好的环境。

## （三）加强对档案管理人员工作能力的培养

目前图书馆档案管理在不断开展信息化建设的过程中，由于管理工作方式有了较大的改变，不仅需要管理人员具有丰富的信息技术知识和管理知识、经验，还要具有较高的工作能力和职业道德素养。因此就需要吸收和录用一批年轻、优秀的管理人员来组建一支高水平和高能力的管理团队，带动年龄稍长的管理人员积极主动对计算机信息技术知识以及新型管理知识的学习，推动图书馆档案管理信息化建设的有效开展进程。

目前我国各项信息技术在快速推进的同时，针对图书馆档案管理工作，传统的人工管理和纸质管理方式已经无法满足目前越来越庞大的档案管理信息的现代化管理要求。因此，有必要开展这一信息化建设，而由于开展上述建设中出现了这样或那样的信息管理问题，故而需要完善的现代档案管理系统。还要从管理人员的意识、能力等方面进行逐渐培养，实现管理水平的逐渐提升。

# 第二节  信息技术下的图书馆档案管理模式

21世纪以来，人类社会从纸张时代逐渐进入数字网络时代、信息时代。信息网络迅速向高性能和智能化方向全面发展，面对新形势和新变化，图书馆档案部门如何充分利用信息网络技术带来的新机遇，发展档案管理技术，通过科学技术管理图书馆，逐步实现图书馆档案管理现代化，适应高校改革发展的新需求，我们必须要进行仔细研究。

图书馆的档案对总体目标规划的制订和实施具有重要的参考价值。领导在执行决策、组织协调等多项职能时，会通过比较图书馆档案、分析研究、总结经验、提出改善措施，对提高管理水平有极大的帮助。

图书馆档案充分反映了图书馆的历史、文化和内涵，是图书馆工作的重要依据，上级领导可以据此对图书馆进行考核，图书馆也可以评估图书馆员工。

# 一、信息技术在图书馆档案管理中的作用

## （一）便于存储、容易保管

伴随档案数量的增加，依靠传统的方式，很难对档案进行存储和保管。使用计算机对档案进行存储和保存文件可以克服这些缺陷，不仅可以减少占用空间，而且可以永久保存。

## （二）丰富了档案内容

除了文字档案外，图片档案和音频档案也很重要。在过去，由于缺少设备和经费，无法对新技术进行探究。即使使用这些数据，记录的图像和磁带也都具有明显的缺点，如果维护不良，可能导致文件信息丢失。在信息技术的数字时代，由于在文件管理中使用多媒体技术，这些操作都变得非常简单。计算机可以做的不仅是这些，还可以将磁带上的声音作为一个文件保存在磁盘上，这个声音可以被压缩成一个文件。一些原材料通过扫描仪可以储存在计算机上。可以说，所有需要保存的文件都可以以计算机文件的形式保存。而且，过去很难保存在档案中的一些信息也可以通过电脑进行轻松管理。

## （三）便于编制档案目录

在现代的档案管理中，有三种检索工具：案卷目录、文件目录和全引目录。在以前的文件管理中，只有两种类型的检索工具：文件级目录和案卷级目录。因为以前的目录编制需要手工进行，经过书面文件、文件目录，获得完整的指导目录，还需要再写一次，工作量非常大，基本上难以实现。使用电脑编制目录的最大优点是可以做到一次输入，多种输出，避免了大量重复的人工工作，节省了大量的人力、物力、财力，也大大提高了工作效率。

## （四）促进档案管理跨越式发展和深层次挖掘

新技术可以有效提高管理效率，规范管理过程。长期以来，档案是实物性质的纸张，存在着归档、保存、利用成本高，查询难度大，信息无法提取，无法共享等一系列问题。通过信息化管理，可以通过计算机和通信方式有效地解决这个问题。在信息技术手段的帮助下，深度挖掘档案所包含的信息，一些新技术可以应用于信息检索功能，在传统档案管理工作中无法实现智能信息检索和多维度检索技术。这些新技术的应用使得档案的社会和经济价值得到充分利用。

## （五）提升档案信息服务质量，实现档案信息共享

传统档案信息管理基本上是手工操作，对所有信息进行归档检查，而信息化管理的模式可以提供多种服务方式，使用计算机技术建立档案信息管理系统服务体系，与档案信息使用者之间设置高效、及时、直接的沟通方式，提供可靠、稳定和优质的查询服务，提高档案信息的服务质量。传统档案管理机构之间是互相孤立的，资源没有实现共享，信息技术的发展使这些机构之间进行信息共享，提升工作效率，特别是网络技术和分布式存储技术的应用，可以使各个档案管理机构之间的档案信息得到有效的整合，通过档案信息在不同机构间的重新划分与组织，逐步建立起各有特色、互为补充的档案信息管理体系。

# 二、信息技术在图书馆档案管理中的应用

## （一）实现管理思想的现代化

在过去很长一段时间内，由于传统的工作模式和思维方式的局限，使得图书馆档案工作者很难将信息技术引入现代档案馆管理工作中来。近年来，信息技术的快速发展对社会生活产生了巨大影响，档案管理工作者已经认识到计算机和信息网络等已成为档案管理工作中不可或缺的技术手段和基本工具之一。但是如何构建图书馆档案现代管理系统，相当多的档案管理者还并没有站在学校改革发展的高度，更深入地思考信息化为档案管理带来的挑战与机遇。因此，只有不断解放思想，重新思考，才能使档案管理工作向前发展。

要实现图书馆档案管理工作的现代化，必须得抓住机遇，开阔视野，积极寻求档案工作同图书馆中心工作的结合点与生长点，在较高层面上来筹划图书馆档案现代化建设方略。

## （二）制度与文件管理要素改革

信息技术的发展极大地促进了图书馆业务系统的连续性，如果不在制度上对业务系统提出要求，像提出元数据的要求，可能使业务系统自然生成的电子文件无法长久保存。所以，文件连续体理论提出的整体系统思想是非常值得借鉴的。我国的电子文件管理中提出的全程管理、前端控制思想，就是对这种理论的合理诠释。但是，档案有档案的价值取向，对电子文件管理要素的管理，不能取代对档案的价值判断和档案的选择，特别是在信息发达的时代，这一点显得尤为重要。目前，我国许多地方和高校正在建设信息中心。它的基本出发点就是对于分布在各个机构的业务活动中的电子文件进行集中管理，有的采取集中存储、集中利用的模式，有的采用备份中心的模式，有的采用存储目录、逻辑归档的模式。

## （三）工作服务方式的合理转变

在信息时代，使用新技术管理和利用图书馆信息资源是我们的最终目标。图书馆采用档案信息为读者服务，必须将传统的参考服务模式转化为智能服务模式。档案的智能化服务可以通过知识导航和知识咨询来实现。服务内容包括：①情报编研、检索服务。鉴于读者的实际需要，通过一定的检索方式，从大量文件摘要、目录、索引和正文信息等二次文献中找出有价值的文件信息提供给读者。②咨询服务。根据读者的具体特点，从档案馆中选择有价值的信息，定期并积极地向读者提供。档案信息定题服务通常是通过项目查询、跟踪服务和效果反馈这三个步骤实现的，在网络日益发达的环境下，这种服务方式已得到广泛的应用。

## （四）档案人员应该努力提高自身素质

现代信息技术要求管理者的素质也跟上时代要求。为此，档案管理人员应注意提高自身素质：努力培养网络服务需要的网络设计与管理人才、系统分析和设计人才、数据分析与开发人才。使他们充分掌握信息技术和信息知识，巧妙地使用数字技术、信息存储技术、互联网通信技术和多媒体技术；积极组织档案管理人员参与档案管理现代培训；掌握好档案管理人员在职培训、继续教育的具体情况，提高档案管理人员的知识结构和整体水平；加强理论研究，提高档案管理的理论水平。总之，使用计算机信息技术进行档案管理是档案管理工作发展的必然趋势，其优势可以随着信息的不断充实而不断得到发挥，充分发挥档案管理现代化的真正意义。所以在现阶段我们做图书馆档案管理工作时，要大力利用档案科技信息手段。在图书馆档案管理中，要不断树立信息服务和科学管理意识。要用现代化的管理手段去提供专业的服务，加快文件信息化进程，完成档案馆的使命。

综上所述，随着现代信息技术和通信技术的快速发展，图书馆档案管理模式也发生了相应的变化，网络化和虚拟化的特点越来越明显。如果要突破传统的图书馆档案管理模式的限制，要立足于电子技术背景，对图书馆档案管理模型进行深入分析和研究。

# 第三节　基于互联网的图书馆档案信息化管理

随着信息技术的不断发展，人们的阅读方式发生了较大的变化，由原来的单一性向多元性转变，这无疑会给图书馆信息化管理工作带来较大的挑战。通过对目前我国图书馆档案信息化管理工作的调查发现，仍存在较多局限管理效率的问题，这势必会导致图书馆的服务质量差，对于图书馆的持久性发展是极为不利的。为此，深入分析与研究互联网时代图书馆档案信息化管理的创新举措，显得越来越重要。

## 一、互联网时代图书馆档案信息化管理的问题分析

### （一）管理人员素质有待提高

笔者通过对目前我国各图书馆的调查发现，图书馆档案信息化管理过程中，凸显出一个共性问题，即一些管理人员素质较低。之所以存在此种问题，很重要的一个原因是一些工作人员从建馆初期就在图书馆工作，这些工作人

员通常会存在思维守旧的情况，但并不具备信息管理的能力，甚至是在通过系统培训之后，仍存在知识结构不完善等情况，自然易出现各种差错。如果这些管理人员的素质不能得以有效提升，将会影响互联网时代档案信息化管理的顺利推进。

## （二）图书馆信息化管理服务意识较为薄弱

图书馆档案管理工作面向的是广大读者，这是一项服务性较强的工作，但从实际的信息化管理实情来看，往往存在服务意识薄弱的弊病。具体而言，一般体现在图书馆向读者开放资料有限方面，这样就会导致一些价值较高的档案信息，无法以文献资料的形式呈现，使得图书馆的服务范畴不断缩小，既给图书馆的可持续发展带来了不利影响，也使图书馆档案资源的价值无法得到有效发挥。

## （三）图书馆档案信息化建设不够完善

目前越来越多图书馆的档案都实现了信息化建设，这无疑能使馆藏资料的查询与整理变得更加便捷，使其档案信息处于有序管理状态，但同时也会凸显一些问题：首先，缺乏统一的标准。此种管理背景下，无法使各图书馆之间进行实时资料共享，使得数据的利用率不断下降。其次，有些图书馆的设备更新速度较慢，计算机无法快速运行。最后，数字档案文件不具有稳定性与完整性，如存档时已出现人为修改与删除的情况，这无疑增加了图书馆档案信息化管理的难度。

## （四）资源利用率较差

图书馆信息化管理的目的就是为了给读者提供更为便捷的服务，不断提升图书资源的利用价值及利用率。但从图书馆档案信息化管理的现状来看，图书资源的利用率较低，尤其是那些专业性较强的图书资料，更是容易被严重的忽视，在管理系统中根本搜索不到，读者自然也没有阅读的机会。此种图书馆信息化管理背景下，越来越多的图书馆开始对档案信息化工作不断进行改革，虽然有了一定的改革效果，但如果从本质角度来分析，仍发现其处在传统图书管理基础上来回修补的状态，和真正的创新管理工作方向不一致。此种背景下，只会形成一个结果，即较多图书资源都处于闲置状态，并未对之进行充分利用，难以达成预期的图书馆信息化管理效果。

## 二、互联网时代图书馆档案信息化管理创新举措分析

### （一）提高管理人员素质

高素质人才是不断提升图书馆档案信息化管理水平的关键所在，这就需要各图书馆加强对管理人员素质方面的重视，不断提升管理人员专业技能及服务意识。具体而言，可以从两方面来推进此工作：一方面要注重对高素质人才的不断引进，使图书馆管理人员的学历层次不断提升，不断充实管理人员队伍；另一方面要加强对原有图书馆管理人员的培训，此培训需坚持"请进来"和"走出来"两大基本途径，即邀请专业人士开展系统性的培训，分批让图书馆的工作人员去深造。相信通过这样的有效培训之后，图书馆工作人员的综合技能及素质会不断提升，并且他们也会逐渐感受到工作给自己带来的乐趣，为图书馆档案信息化管理水平的不断提升奠基。

### （二）提升图书馆档案人性化管理水平

图书馆档案信息化管理既然是一项服务性较强的行业，那么就需要在明确以人为本理念价值的同时，遵循以人为本的工作理念，加强对用户实际需求的了解，在此基础上开展档案信息化管理工作，这样既能不断增强工作人员的服务意识，又能为读者提供更为个性与优质的服务，提高读者对图书馆工作的满意度。为了能够更好地达成互联网时代对图书馆档案全面信息化管理工作的实际要求，除了需要加强与用户的交流之外，还需要利用信息化档案资源管理系统对档案资源进行整理，这样才能不断提升档案信息化管理的质量。比如，每个图书馆都有自己微信公众号，在微信公众号中就可以增设咨询、推介等模块，并要配备适合数量的在线客服，这样只要有用户登录到本图书馆的微信公众号平台，客服就可以第一时间询问其需求有哪些，在交流后为其推送针对性的阅读资源，并对其借阅流程进行指导，对用户的基本信息及借阅、归还等时间进行相关记录，这样当到了归还时间之时，就会对其进行提醒，以便用户及时归还借阅资料。当借阅资料归还之后，客服还可以对用户的阅读满意度进行了解。此种工作方式既能为用户提供更为人性与优质的服务，还可以不断提升图书馆档案信息化管理的水平及效率。

## （三）合理运用云计算创建数字图书馆档案

想要确保档案信息化管理获得与时俱进的发展，就需要具备不断更新信息技术的意识，而云计算就是新兴技术，对之合理运用，必然可以推动图书馆档案信息化管理效果，并且云计算在近些年的图书馆档案信息化管理工作中运用得越来越频繁，也取得了较为理想的效果。为此，图书馆在运用云计算创建数字图书馆档案的过程中，绝不能照搬别的图书馆的成功经验，而是要在深入分析云计算的背景下，将之与本图书馆的实情进行完美结合，这样才能在借鉴其他图书馆成功经验的基础上，真正利用云计算来共享图书馆档案资源信息，促使档案信息化工作得以更为顺利地推进，为读者与用户提供更为完善的档案信息服务。

## （四）提升图书馆档案信息化服务层次

之所以建立图书馆，其目的是为了更好地提升民众的思想道德觉悟，以此来提升国民素质。因而图书馆信息化服务的提升显得越来越重要，可以说其服务的提升程度会直接影响图书馆的可持续发展程度。具体而言，必须巧借信息技术来不断提升服务的准确性，并要以人性化不断提升服务的质量。无论是从图书借阅流程、图书质量，还是提升读者阅读时的舒适程度，都必须做到以下三点：第一，持续不断地提升图书管理水平及工作人员素质；第二，搭建完善的图书馆与读者沟通桥梁，更好地了解用户的所思所想，提供针对性的高质量服务；第三，制定完善的图书材料审查制度，以此来更好地管理与推介边缘书籍，提升书籍的利用效率。

档案管理作为图书馆管理工作的重要内容，想要持续不断地提升图书馆的服务质量，以及促进图书馆的可持续发展，就必须要注重图书馆档案的信息化管理，要在了解其问题的基础上，不断提出针对性、创新性的优化之策，这样才能不断提升档案信息化管理的水平，将图书馆为广大用户服务的作用发挥出来。

# 第四节 数字化时代公共图书馆档案管理信息化

## 一、公共图书馆档案管理数字化建设的意义

### （一）更有效地保存图书馆档案

通过公共图书馆档案数字化管理，首先能够迅速发现不完整或欠缺的文件材料，并通过各种途径予以补齐材料。其次可以修复公共图书馆档案中模糊褪色的字迹、污损残缺照片等。另外还能集中分散在各部门及个人手中的各种文件、数据等，公共图书馆档案数字化后仍能代替原件使用，数字化档案副本还可实现异地保存，即使发生天灾人祸也能最大限度保持档案的完整性，有利于保护档案原件，确保原件保存的永久性。

### （二）提升社会化服务的质量

通过利用网络技术和通信技术，公共图书馆档案数字化可以为用户提供高速连接的信息服务，实现了更大范围的档案信息共享，为远程教育培训提供了必要的条件，使档案服务管理在内容、方式和效果等方面实现了重大突破。信息传递网络化还具有跨时空的信息服务、高度开放的信息利用以及信息传递的标准化、规范化和现代化等特征。

### （三）提高档案管理工作效率

公共图书馆档案数量庞大，人工管理耗时、耗力。档案管理数字化的引入，使管理人员从繁杂的工作中得以解脱出来。利用计算机及网络技术可以快速完成档案管理工作，自动化程度更高。

### （四）满足用户多样化需求

用户需求随着网络时代的推进也在不断发生改变。足不出户就能快速获得想要的信息是很多用户的追求。数字化的档案管理方式可以在很大程度上满足

客户这一需求。通过网络共享信息，使档案信息的流动不再受到地域的限制。

# 二、公共图书馆档案管理数字化建设的方法

## （一）积极完善相应的数字化配套设施

在公共图书馆档案数字化管理硬件建设过程中，工作人员应积极建设数字化设备体系，主要包括计算机、服务器、交换机、视频音频信息采集设备、扫描仪等设备，还应积极跟踪相应的设备，考查其运行性能，保证管理工作的顺利开展。同时，工作人员还应积极检查相关的设备，及时升级落后的设备。设备是相关工作开展的基础，同时也是工作质量的保证。在软件完善过程中，工作人员应积极构建数字信息档案管理系统，保证系统的整体性。在相关工作开展过程中，工作人员首先应积极构建完善的信息接收系统、信息采集系统。

## （二）创新信息化档案管理模式

要改变档案管理模式，创新信息化手段，首先要优化内部的档案网络运行结构及系统，提升其性能，使其符合国家对局域网的要求，确保运行安全。其次是档案外网的建设，外网面向的是社会大众，有信息公开的要求，让公众可以感受到信息化档案管理带来的便捷与高效。但是对内外网的安全要求也必须提高，采用科技手段进行信息隔离，确保信息的流通更加安全、稳定。同时要注意提升网络功能，大力推进数字化，不断创新档案管理的模式，全面实现信息化管理。

## （三）完善档案信息服务体系

及时准确地提供档案信息服务是开展档案管理的一个重要目的，因而要着力完善档案信息服务体系。以信息化标准为基础，从公共图书馆自身情况出发进行信息资源的补充，为跨库检索提供便利。在互联网环境下，档案的目录、内容及编码应呈现一体化。积极推进档案制度的建设，促使档案管理数字化变得更加科学规范，加大数字系统的维护与管理力度，充分发挥监控的功效，使数字系统的运行更加可靠。为了满足公众对信息质量的高要求，需要改变资源开发的手段，提升知识含量，使档案信息形成一个全面的体系，

提升信息服务水平。另外，在主管部门的要求下，外包档案系统的维护工作，使其运行更加规范，公众在使用档案信息时也更加便利。

### （四）兼顾数字化建设与原文资料的发展

原文资料是对事物信息了解收集的重要资料来源，可以通过查询纸质资料、声音资料、影像资料等原文资料来收集相应的信息。原文资料具有很高的准确性和考量性。因此，在建设公共图书馆档案管理数字化，创造数字化管理环境时要保证人们的原文资料阅读需求，尽力将两者融入建设中，保证阅读的全面性。将网络技术应用到公共图书馆的管理工作中，是时代发展的必然要求。所以应尽快改革，为人们提供更加人性化的使用和阅读体验，丰富人们的文化生活。

### （五）建立公共图书馆档案目录数据库

档案目录是建设数字化档案的基础，是顺利开展馆藏档案数字化工作的保障。作为档案信息查询的集散中心，目录数据库能够将检索框架体系化，做到层次分明，结构合理，严格规范档案信息的标引，以更好地确保档案数据的真实有效和完整性。

### （六）重塑原文影像资源库

原文资料始终是一手资料。为满足人们在网上任意途径检索、查询后阅读原文的需求，将原文影像资源与开放档案用户目录数据库结合起来，能够保障数据资料的权威性和准确性，同时，有助于满足不同阅读者的需要，实现公共图书馆数据资源的最大化利用。

## 第五节　高校图书馆档案信息管理平台构建

高校图书馆档案是图书馆事业发展的脚印，同时也是提高图书馆管理水平的重要依据，确保高校图书馆档案完整、准确、真实非常必要。但在档案保管的过程中，很可能因人为因素、环境因素、气候因素等方面的影响，致使档案缺失或失真情况出现，严重影响档案的应用。所以，在信息化高度发展的今天，应当利用信息技术来搭建档案信息管理平台，对档案信息资源进行整理、分类、存储、保护，以确保档案信息的资源完整，并且对档案信息资源的应用予以严格的限制，真正实现档案资源合理利用。所以，采用先进的科学技术来构建高校图书馆档案信息管理平台，对档案信息资源进行合理、有效地管理是非常有意义的。

# 一、高校图书馆档案管理信息化趋势及必要性分析

从当前时代特点来看，高校图书馆档案管理信息化已是必然趋势。若要具体说明，其主要表现在以下几方面：

## （一）实现档案资源共享

计算机网络信息的突出特点之一就是资源共享性。将计算机技术、信息技术、网络技术等都应用到档案管理中，可以优化和创新档案管理工作，促使档案管理过程中，对档案信息进行收集、分类、检索、传递时均在网络环境下能够高效率、高质量地完成，从而保证档案信息资源合理分类等。而对于档案信息的使用，则是通过网络空间进行传递，促使使用者可以快速地使用所需的档案信息。

## （二）实现档案资源的数字化、服务的网络化

长久以来，图书馆档案都是以纸质实物形式存在，这需要图书馆消耗大量人力、财力、物力来采集、保存、保护，确保档案具有使用价值。可以说，纸质档案的管理，给图书馆带来了很大负担。但随着信息技术、计算技术的应用越来越广泛，纸质档案管理将被转换为数字化档案管理，这会使得档案信息的采集、整理、修改、保存等工作均在计算机网络上完成，不仅可以提高档案信息整理的质量和效率，还可以提升档案信息资源使用的便捷性。所以，在信息技术、计算机技术等高速发展的情况下，高校图书馆档案管理将会逐步借助先进技术来优化管理档案，实现档案资源数字化、服务网络化的目的。

# 二、高校图书馆档案信息管理平台构建的重要意义

在我国经济、科技蓬勃发展的背景下，高校图书馆档案管理信息化已成

必然趋势。此种情况下，要想使高校图书馆档案管理信息化得以实现，构建档案信息管理平台就显得尤为重要。因此，进行档案信息管理平台构建，是一项非常有意义、有价值的活动，具体表现为：

## （一）为图书馆科学发展提供案例参考

高校图书馆档案信息拥有的资源全面，并且非常真实，在客观上反映了图书馆在不同时期、不同环境下的发展概况、相应的工作内容、拥有的管理水平、提供的服务水平，这样的数据是图书馆发展、建设、完善的第一手资料。因此，高校图书馆档案信息资源具有较高的利用价值。构建图书馆档案信息管理平台，可以划分为不同的档案信息管理模块，如采集管理模块、保存管理模块、使用管理模块、安全管理模块等，对档案信息进行全面的、详细的、有效的管理，如此必然会提高档案信息资源的完整性、真实性、有效性，促使档案信息资源作为图书馆建设发展规律研究资料，为促进图书馆科学发展创造相应的条件。

## （二）确保图书馆档案长久保存和科学管理

高校图书馆纸质档案的管理不仅会消耗大量人力、物力、财力，还会随着时间的推移，出现字迹模糊、图片污损等情况，导致档案缺失、失真，大大降低档案的使用价值。而图书馆档案信息管理平台的构建，可以改变这一现状。因为档案信息管理平台可以对档案进行数字化保存，这将实现无纸化档案管理，如此纸质档案管理的缺陷将被消除。除此之外，档案信息管理平台的构建，还可以使档案信息采集、修改、分类、整理等工作在网络环境下规范、合理、科学地落实，促使档案管理工作高质高效地完成，大大节约人力、物力、财力。所以，档案信息管理平台的构建可以使档案长久保存，并使档案管理科学化、规范化发展。

## （三）开发利用图书馆档案信息资源

图书馆档案信息资源的信息相比图书、报纸、期刊等文献具有信息隐蔽性。但从目前我国高校图书馆档案信息资源开发利用的情况来看，档案信息资源在利用方面出现了重视收藏、但不重视利用的现象，有价值的档案信息被束之高阁，并没有发挥其应有的作用。如果进行图书馆档案信息管理平台构建，便可以对图书馆实施的各种工作活动资料加以收集，对档案数据进行分类、整理以及著录并加以上传，促使档案能够信息尽快地、完整地收录在网站上，促使图书馆以外的读者可以在网站上进行档案信息资源查找，促进档案使用效率的提高，这将大大提高图书馆档案性资源的开发利用程度，促使档案信息资源使用价值得到提升。

# 三、高校图书馆档案信息资源的收录

目前，根据综合我国高校图书馆所保存的档案信息资源，可以被档案信息管理平台收录的档案信息资源主要有以下几种：

## （一）党群工作档案信息

所谓党群工作档案信息，主要是上级党组织下发的党务工作文件。这类档案信息主要包括图书馆党组织制度、组织管理、实施的活动等，还包括党建工作文件、共青团工作文件等，这些资源与图书馆党组织工作息息相关，因此需要对党群工作档案信息予以有效管理。

## （二）行政管理档案信息

行政管理档案信息是上级行政部门下发给图书馆的行政文件，这其中的档案信息内容以图书馆的规章制度、行政工作计划以及工作总结、经费使用、财务报表、人事编制、人事等为主。这部分档案信息与图书馆能否继续良好发展有很大关系，因此也需要对行政管理档案信息进行信息化管理。

## （三）业务档案信息

业务档案信息以馆藏的各类图书及各类文献为主。除此之外，还有读者相关信息、技术部设备信息以及科学服务方面的信息。可以说，文书档案信息概述图书馆现状，可以作为优化管理图书馆的依据。档案信息管理平台收录此部分档案信息也很有必要。

## （四）文档信息

文档信息即是文书档案信息，主要包括信息档案管理文件和图书馆专业行业文件,包括图书馆各种往来合同、协议等。另外,还包括图书馆联盟活动、馆际活动等外事活动文件材料,图书馆馆史、机构沿革及图书馆分时期发展综述等文件材料。

# 四、高校图书馆档案信息管理平台的构建

## (一)高校图书馆档案信息管理平台的构建

### 1.档案信息管理平台构建思路清晰化

高校图书馆档案信息管理平台,主要工作原理为:利用校园局域网、计算机联机设备等构建信息管理平台,有效地管理档案信息,力求最大限度地提升档案信息资源的利用价值。档案信息管理平台的构建,首先要做的工作就是明确建设思路,也就是根据高校图书馆档案管理的实际情况及各种技术应用特点,依照高校情况,规范、合理地构建档案信息管理平台,使其在高校局域网的支持下,对图书馆档案信息实施管理、开发、利用,进而提高高校图书馆档案信息资源的利用价值。

### 2.档案信息管理平台结构的构建

总的来说,高校图书馆档案信息管理平台的结构应由表示层、管理层、数据层三层框架组成,如此可以使管理平台系统地、有针对性地进行管理档案信息,以确保档案信息资源真实、完整、准确。档案信息管理平台包括信息资源管理员、各部门档案员、校园用户等,满足各个用户的不同需求。管理层包括档案数据维护、档案信息检索、档案信息统计,用以有效地处理档案信息。数据层则是各类档案信息数据库,用以处理、存储、发布档案信息。

### 3.制定档案信息管理平台的功能模块

对于档案信息管理平台功能模块的规划制定,应以建立档案信息模块、检索模块以及平台管理模块。这几种功能模块的有效应用,可以使档案信息管理具有较强的档案信息处理作用、档案信息检索作用、优化平台应用的作用,这将提高档案信息管理的有效性。档案信息模块是对图书馆各项活动产生的档案信息进行收集、分类、整理、收录以及上传到管理平台工作进行处理;档案信息检索模块是对广大师生及读者所需的档案信息资源进行检索处理,

促使档案信息资源可以被广大师生及读者所应用；平台管理模块是对管理平台的日常运行进行监督和控制，如若平台的某项或多项功能出现故障，能够对其进行及时且有效的维护，从而提高管理平台的应用效率。

## （二）高校图书馆档案信息管理平台构建应该关注的问题

高校图书馆档案信息管理平台的构建有着非常重要的意义，所以高校应当根据图书馆档案管理情况，规范、合理地搭建管理平台。但在实际搭建管理平台的过程中很容易出现问题，会给管理平台搭建带来消极影响。所以，高校图书馆档案信息管理平台搭建过程中，需要注意以下问题：

### 1. 档案信息管理平台的系统性、完整性问题

尽管目前科学技术水平有很大程度的提高，但计算机技术、信息技术、网络技术的开发程度依然有限。因此，在搭建图书馆档案信息管理平台的过程中，科学技术的应用无法完全支撑档案管理的各项工作，如档案立卷、档案著录、档案文献加工等，这将影响档案信息管理平台应用效果。为避免档案信息管理平台存在系统性、完整性问题，在搭建档案信息管理平台的过程中应合理规划设计平台，在此基础上有序、有步骤地进行平台搭建，尽可能地保证管理平台的系统性、完整性。

### 2. 档案信息管理平台的安全性、稳定性问题

借助网络和现代信息技术搭建的档案信息管理平台，可以提升图书馆档案管理水平。但利用先进技术搭建的管理平台，在防火墙设置、病毒防范等安全设置方面依然存在缺陷，导致档案信息管理平台存在安全问题。因此，要想使档案信息管理平台有效应用，在具体进行管理平台搭建时应注意加强安全设置，如设置用户权限审查、IP限定、数据加密、增强防火墙设置等。

在高校图书馆档案管理信息化已成为必然趋势的情况下，高校应当有效利用信息技术、计算机技术、网络技术等，科学、合理地搭建档案信息管理平台，使其可以对图书馆档案进行全面、系统、有效地管理，促使档案信息资源安全、准确、完整，使其可以被广大师生及读者所应用。所以，高校图书馆档案信息管理平台的有效搭建是非常有意义的。

# 第五章　高校图书馆学科服务

## 第一节　精准营销的高校图书馆学科服务

目前，我国高校图书馆学科服务普遍存在用户认可度低、学科服务同质化程度严重、学科服务的深度与广度不够等问题，这些问题的主要症结在于缺乏对用户进行精细分类进而无法提供目标精准的个性化服务。因此，在学科服务中引入精准营销理论，建立以用户数据库为中心的动态循环体系，通过对精准营销实践的分析和总结，利用数据挖掘对用户精准定位，实现针对不同细分用户群的服务定制化，提供符合用户真实需求的有价值的服务，增强用户黏性，是关系用户长久良性发展的重要因素，也是实现学科服务创新的必经之路。

近年来，学科服务逐渐成为国外高校图书馆服务的中心，在国内也成为高校图书馆服务创新方面最大的亮点之一。但事实上，在国内除了少数高校图书馆学科服务成效显著外，大部分高校图书馆开展学科服务过程举步维艰，主要问题在于：第一，科研人员怀疑学科馆员的素质和能力，对学科服务的认同度和信任度较低；第二，学科服务不考虑本校实际，盲目跟风，同质化程度严重；第三，学科服务的基点失衡，它以信息为中心，以图书馆为主要阵地，而不是以用户和信息需求为中心；第四，学科馆员的角色仍然是信息中介，没有融入科研教学过程，学科馆员与用户之间缺乏深入的互动交流，二者之间没有实现合作的驱动力量。

分析以上问题的深层次原因，主要在于学科服务缺乏营销意识，缺乏对用户的精准定位，因而无法满足用户的真实信息需求。美国西北大学雷斯纳教授结合自己与图书馆合作30年的经验得出：卓越的图书馆与无法达成目标的图书馆之间，最明显的差异在于营销质量。而目前我国高校图书馆就是处在"自我设计、自我发展、自我完善、自我欣赏"这样一个怪圈之中，使学科服务游离于科研工作之外。因此，学者提出将营销理论引入学科服务中。初景利在学科服务的难点与突破中，重点强调通过营销来打破学科服务的瓶颈；李莘、李纪提出"在学科服务中引入精准营销理论，通过精准定位服务对象，提供符合用户需求的有价值的服务，从而提升学科服务水平"；刘大维等通过分析营销战略，设计出适合图书馆学科服务的营销策略；胡国芳、罗华文通过分析目前学科服务的营销现状，提出学科服务营销策略；王静、杨蔚琪、徐璟等在学科服务创新中都提出了营销策略。

从目前的研究成果来看，在学科服务中引入营销理论逐渐成为研究热点，业界学者的有益探索给予本研究很大启发，但目前将精准营销理论引入学科服务并进行系统化的研究还有所欠缺。为此，本研究利用数据挖掘对用户实现精准定位，实现针对不同细分用户群的服务定制化，建立以用户数据库为中心的动态循环体系，打破原有的冷热对立模式，真正走近用户，提供符合用户真实需求的有价值的服务，使彼此通过合作而相互渗透，从而增加用户黏度，提高学科服务的核心竞争力。

# 一、精准营销

2005年，"营销之父"菲利普·科特勒首次提出"精准营销"这一营销传播的新概念。精准营销是在利用可衡量的现代信息技术手段的基础上，通过精准定位企业的目标客户群，建立个性化的沟通服务体系，以扩大企业的销售，从而实现企业可度量的、可持续发展的扩张之路。脸书、亚马逊和谷歌等公司，通过挖掘和分析合纵连横的用户数据，掌握用户真实需求情况，通过优化营销效果，实现从传统基于用户生活方式等主观信息推测购买需求到基于用户信息行为等客观信息的营销模式转型，通过提供精准营销和个性化广告推介来开展商业活动并取得巨大成功。

谷歌、亚马逊等公司精准营销的成功案例给予学科服务营销深刻的启示。精准营销体现了"以消费者为起点，更以消费者为终点"的营销思想的精髓，这一理论与"以用户为中心"的学科服务理念不谋而合。根据舒梅克的研究，营销与推广被放在了学科服务成功因素的第一位。精准营销要求精准地细分市场、精准地了解用户需求、精准地定位目标用户群和精准地信息沟通。运用到学科服务中，精准营销就是精准地把服务产品和服务信息推送给用户，满足用户个性化需求，为用户提供增值服务，提高用户忠诚度，促进学科服务的发展。

## 二、基于精准营销的高校图书馆学科服务创新路径

### （一）制订科学合理的精准营销规划

学科服务精准营销是一个复杂的系统工程，是对其信息产品及服务进行分析、调研、计划、组织、促销、分销，满足用户信息需要，实现与用户的价值交换的一系列过程，涉及图书馆、院系以及学校各个层面的工作。学科服务精准营销规划可在资源建设、服务方式、管理机制等多个方面的协同发展指导下，在科学的调研和大量的用户需求、行为习惯等信息基础上，以学科服务开展过程中的突出问题为指引，从整体视角出发来进行规划和控制，并且有系统、有步骤地完成，其中包括环境扫描、营销目标的确定、营销活动的方案、评估等。其中在目标的确定上，要注意量化和可测评性指标的合理设定，以便对精准营销活动进行客观的评估，从而为下一阶段动态循环中的营销活动的改进提供依据。

### （二）建立学科服务精准营销体系

学科服务精准营销以"用户在哪里，服务就在哪里"为导向，凭借精准的用户定位、精准的信息挖掘与推送，为用户提供个性化服务和"一对一"营销服务。通过为用户提供持续超越预期的产品和服务，使用户跟学科馆员发生"联系"，让用户深刻感受到学科服务的存在和价值，从而提高用户黏性与忠诚度，并吸引新的用户，达到用户链式反应，从而提高学科服务的影响力。要达到以上目的，高校图书馆可以建立以用户数据库为中心的动态循环学科服务精准营销体系。

### （三）进行移动信息服务精准营销

随着互联网和多媒体技术的发展，高校移动用户也在飞速增长，学科服务可选择多种渠道直接向用户定向和精准地传递个性化信息，如微博、微信、博客、学科服务平台等，通过与用户的互动达到精准服务的目标。克里斯蒂

娜认为，微博将会促进图书馆参考咨询服务的开展；惠特砌奇认为，QR 码可促进用户参与并支持图书馆移动信息服务。因此，学科服务可借助先进的多媒体技术手段，通过文字、图片、视频等对学科服务内容进行立体化描述，通过"多对多"或"一对一"的传播提高营销效率，从而实现学科服务的品牌传播。但在移动信息推送时必须注意"选择谁""选择什么内容"，这是移动信息精准服务的核心问题。因此，学科馆员必须选择合适的用户，提高移动信息服务的针对性；选择权威的、经过深度加工的、与用户科研契合度高的信息，提高移动信息服务的价值；坚决不能频繁地推送大量价值度不高或者重复的信息给用户，以免引起用户反感，以致失去用户。

## （四）加强对学科服务人才的培训和引进

大数据环境下学科馆员可依靠新的信息技术或数字化工具平台为用户提供深层次个性化服务。密歇根州立大学、伊利诺伊州立大学、北卡罗来纳州立大学和亚利桑那州立大学都已经开设了大数据相关的课程和研究方向。其所培养的学生要接受数据挖掘、优化、数据库管理以及数据安全、客户分析等一系列与数据有关的训练。学科馆员应转变为信息专员，即专门为科研团队打造的"信息专家"，更加强调"嵌入式"的知识服务，强调学科服务与用户及其需求过程的紧密结合。学科馆员既要有将非结构化数据进行处理及深度分析的技术，又要有能将数据转化成知识的思维，还要与科研用户在深度项目上进行协同合作。因此，高校图书馆应充分利用各种途径和手段，培养、引进具有计算机及营销管理的专业人才，同时对现有学科馆员进行系统的、不间断的知识及技能培训，以增进学科馆员的服务水平。

## （五）建立科学的管理和评估体系

学科服务精准营销要注重营销过程中的管理和营销活动中前后的对比评价工作，通过对营销前的摸底调查、营销过程中的嵌入式服务、与用户的互动交流、营销活动收到的用户反馈等的调查与跟踪，设计合理的量化指标，对整个精准营销活动进行评估，以便提出进一步的改进措施。

在基于精准营销的学科服务创新路径中，学科服务精准营销体系的构建对整个营销路径来说至关重要，因此本节有必要对其进行重点研究。

## 三、学科服务精准营销体系构建

通过对精准营销理论的深入研究与在学科服务的应用经验的总结分析，作者建立了以用户数据库为中心的动态循环学科服务精准营销体系，包括以下几个方面。

### （一）建立完善的用户数据库

精准营销要求精准地定位目标用户，而这一要求是建立在对用户信息行为分析的基础上实现的，通过深入挖掘用户数据，比如对科研人员的个人信息、教学信息、科研信息、教学活动、科研活动等进行数据的收集、分析与整合，从中提取有价值信息；在遵守法律、不违背道德的情况下，尽可能多地收集用户的行为信息纬度，为后面将要进行的精准分析奠定数据支撑基础。如复旦大学自 2012 年起就利用 ERU（电子资源使用统计分析和访问监控项目）采集用户访问复旦大学图书馆订阅的期刊数据库的信息行为数据，这些动态数据为学科服务分析和知识发现提供了重要的数据来源。另外，图书馆的各个部门都要关注和参与用户数据库的建设，充分发挥馆员的主观能动性，利用关系营销，挖掘出用户显性和隐性信息。

### （二）精准细分，定位用户群

学科服务对象较为广泛，既包括校内科研人员及学生，又包括校外其他机构的研究人员、企业和社会人士等。不同的学科信息用户个体不仅有共性需求，还存在个性化的信息需求。因此，学科服务要对用户群进行细分，选择特定的用户群作为自己的主要服务对象，通过建立用户模型，制订符合用户需求的服务模式，实现精准的信息推送与跟踪服务，并进行服务有效性的评估与管理。此外，要定期对采集的数据进行动态挖掘分析，以便对用户进行精准的分群、分层的管理与分析。

### （三）精准宣传

学科馆员要将学科服务宣传推广纳入各相关学科服务工作中，学科馆员可深入院系，通过走访院系、拜访教授，向院领导和科研人员进行专题书目、个人成果收引、课题研究综述、研究热点、竞争力分析等的介绍，将图书馆学科服务的内容直接推送到目标用户手中，拉近与用户的距离。同时在院系师生中选定学科服务固定联系人，构建学科服务立体化联络网点。学科服务还可进行个性化宣传，如得州大学图书馆通过 YouTube 视频介绍学科馆员及其服务的学科领域。学科馆员在精准宣传的过程中，要积极将与用户的信息交流拓展到情感交流，引导用户服务需求，激发用户与馆员的合作兴趣，以交流联络促进学科服务的深化。

## （四）提供个性化深层次学科服务

学科馆员利用数据分析工具，密切关注学科前沿领域，通过对用户行为监测，不断改进用户数据搜索和信息分析的方式，确保学科服务的判定、决策和推送过程的智能、及时。学科服务从单向性的专题报告或舆情监测向趋势性预测报告和数据驱动型信息专题转变。学科馆员逐渐提高用户对学科服务的认可和依赖程度，打造学科化服务品牌，如上海交通大学图书馆推出的IC2 创新型服务品牌、武汉大学图书馆建立的以 "SERVICE" 为服务理念的嵌入式服务营销体系、同济大学图书馆实施的 "双伙伴" 计划等。

## （五）实行 "一对一" 的营销服务

"一对一" 的营销服务主要指在学科服务过程中及服务结束后为用户提供"一对一" 的持续性服务。比如，在文献管理软件培训后，用户在使用过程中还有许多细节问题尚未解决，学科馆员通过多次后期指导，帮助用户解决相关问题，为用户提供持续性的学科服务，从而和用户建立长期稳定的良好关系，增强学科服务的信誉度。

## （六）建立精准完善的用户增值服务体系

美国 HPP 公司将大数据用来分析电子图书用户阅读习惯和偏好，构建智能分析引擎，提供有针对性的服务并取得了很大反响。加州大学尔湾分校的雷诺、麻省理工学院的布里顿等人利用大数据技术对用户行为进行深度挖掘并对其相关信息进行关联分析。因此，在学科服务过程中应积极利用云计算、大数据等技术对学科信息进行深度挖掘，提供满足并超越用户期望的需求的深层服务，如信息环境支撑、课题情报跟踪、研究热点与前沿分析还有竞争对手（目标机构分析等），从而提高用户满意度，培养和提高用户忠诚度及重复利用率，吸引新的用户，以达到用户的链式反应。此外，对流失用户应建立预警机制，分析其流失原因，并进行深入评估，积极采取相应的补救措施，以免用户继续流失，尽力促使用户回流。

以用户数据库为中心的动态循环学科服务精准营销体系的各部分相互关联、相互依存、互为基础，共同促进学科服务的深入发展。

本研究将精准营销理论应用到学科服务领域，对学科服务的创新路径进行了深入探讨。但精准营销作为新兴理论，在学科服务领域的应用尚处于起步阶段，无论从操作工具上还是方法的开发上都不够成熟和完善，因此还需进一步深入研究。另外精准营销会受到隐私保护、信息伦理、数据壁垒等多重因素的影响，因此学科馆员如何从繁杂的数据中提炼出有用信息、如何量化营销效果、如何建立有效营销、如何增强营销相关度是需要深入研究的课题。

# 第二节　高校图书馆加强学科化服务的必要性

本节主要围绕高校图书馆在已有的学科化服务基础上，形成人性化、服务型、科学化、规范化的综合管理。在概述高校图书馆学科化服务管理必要性的基础上，深入研究提升高校图书馆学科化服务的有效措施，更好地发挥高校图书馆在综合发展中的整体职能。

高校图书馆基本职能之一是为学校的教学和科研而服务，为了将图书馆的服务更好地拓展开来，高校图书馆提高学科化服务具有一定的必要性。清华大学图书馆首先引进学科馆员制度，随后，国内很多高校图书馆相继实行学科馆员制度，并开展学科化服务。图书馆根据某一学科专业的需要而指定的信息服务人员即学科馆员，负责一个或多个院系的学科联络工作，在学科专业与图书馆之间架起一座相互沟通的桥梁，为用户主动、有针对性地收集和提供信息服务。高校图书馆在学科化服务方面除了要形成学科馆员制度之外，还要形成信息化、科学化、多元化的整体模式，更好地为学校的教学与科研而服务。

# 一、高校图书馆提高学科化服务的必要性

## （一）有助于实现人性化的综合服务能力

在高校图书馆的综合职能中，主要突出"尊重人的尊严、实现人的价值、追求人的发展、体现人的关怀"等方面的内容，构建和谐的阅读空间，并通过学科化服务模式的建立，形成重服务、重管理的综合模式。这样，在现代科学技术等支撑下，形成与师生读者全面的一对一对接形式，不仅可以增强读者对读书馆信息量的摄取，并在人文关怀中找到一种自我求知、自我学习的力量，有效地实现高校图书馆的综合服务能力。因此，在整个发展过程中，能全面实现对人性化服务的精准运用，提升整个服务的综合功能。

## （二）有助于构建信息化建设与服务的渠道

在高校图书馆的信息化建设过程中，主要是通过现代计算机以及信息化网络建设的运用，结合计算机软件创新管理，信息化立体式、便捷式服务的模式，让读者在现代信息化建设的背景下，通过信息化的渠道阅读到自己想要的知识点，可以减少读者在阅读上的烦琐性。高校在聚焦网络技术与信息化技术层面的创新上，可以构建优质化、信息化建设的绿色通道，实现图书馆整体价值。并且在信息化计算机阅读模式的设计中，实现以读者为核心的服务理念，创造读者最大目标的服务模式，形成"以人为本"的服务理念，这样能更好地彰显出高校图书馆的整体价值。

## （三）有助于推动图书馆自身管理的增强

在信息技术发展的大背景下，高校图书管理人员要在不断提升自我素质的基础上，形成信息化、学科化服务的意识。为了提升自我的综合素质，要在图书馆管理过程中不断去了解读者的需求，运用现代科学技术，融入现代化检索技术、二维码扫描技术等，形成对图书管理的学科化服务方式，并通过自我的培训，在强化高校图书馆学科化管理的过程中，实现对读者更高需求的把握。因此，在整个自动借还系统、基于用户需求的服务信息化系统的运行上，满足客户的整体需求；在移动环境的模式下，对读者综合位置、附近基础设施、信息场所等，形成移动控制的服务方式，增强整体服务能力。

# 二、构建高校图书馆学科化服务的有效方式

## （一）个性化服务与自动化服务模式的创建

在高校图书馆学科化服务的运行中，最主要的就是突出对图书馆整体职能的创新运用，因此，要形成个性化服务的综合模式。其中，要建立个性化服务以及自动化服务的方式。在个性化服务的过程中，主要就是通过建立移动图书馆信息管理服务方式，通过在高校图书馆建立移动平台，构建与读者的沟通机制，进一步了解读者的需求，然后依据读者的不同需求提供相应的服务，主要包括新书到馆的通知、预约书目、参考咨询、读者信箱等，形成个性化检索、个性化定制、个性化收藏等综合服务模式。因此，在移动图书馆的建设中，形成对整个数字化图书馆的个性化服务方式，采取智能化处理方式，形成不同读者群体的特色专题服务方式，形成个性化的定制、收藏等服务。此外，在自动化的服务过程中，可以形成互动性的服务模式，在加强图书馆与读者、读者与读者之间的多向互动上，接收图书馆服务到整个建设之中，有效地实现图书馆与读者之间的双向交流与互动参与。尤其是在搭建与读者之间的移动交流平台上，通过论坛、博客、微信等方式，实现及时的信息交流互动，取得更好的实质性效果。

## （二）人性化服务在学科化服务中的创新运用

在高校图书馆的综合管理中，要形成人文关怀意识的综合运用，尤其是在对读者整个智能化服务的基础上，要营造学科化服务的温馨环境，通过营造浓厚的学习氛围，让读者在浓浓的书卷气息中感受到阅读的魅力。因此，在搭建信息化环境的过程中，形成一种动静结合的现场阅读环境，构建色调搭配合理、馆内舒适的环境，营造一种浓厚的文化欣赏氛围。在阅读空间的体现上，可以通过计算机综合阅读的方式，让读者能够在阅读中全面放松，提倡一种开放式的阅读模式，体现一种生命的魅力和人文的关怀。不断打破传统的借阅模式，倡导开放式格局的建立，形成开放式人性化服务的运用，做好传统文献参考、参考咨询、学科导航等多方面的服务，为读者提供良好的开放平台，让读者感受到阅读能带来更大的魅力。

## （三）集成化信息模式中的图书馆集成服务

图书馆信息服务的集成是以信息资源集成为基础，以统一的综合门户与应用为平台，为用户提供统一的门户服务，集用户认证、统一检索、信息导航、参考咨询、信息定制、信息交流等多种服务于一体。由于手机浏览性能、输入效率较差，移动用户更习惯利用统一的入口进入各类内容页面，这就需要图书馆加强对馆藏资源和服务的整合力度，根据用户的各种需求特征将各种传统、数字化的内容加以整合，建立统一的图书馆移动服务窗口。同时，将图书馆和系统或数据库供应商的移动信息服务系统加以集成，形成统一的用户服务窗口。

因此，在高校图书馆建立学科化服务管理的模式，不断对其融入现代化的信息管理手段，突出以人为本的服务理念，实现信息化建设与科学化创建模式的融贯，能起到很好的带动性，尤其是在整个服务过程中，更好地推动学科化运行的综合效益。

# 第三节 高校图书馆学科服务滞后的原因

学科服务是基于高校学科建设发展需求，以学科馆员为核心，以高校图书馆各类资源为服务载体，以学科服务平台为依托，以满足学科用户需求为目标，通过各种方式向学科用户提供的专业化、个性化、知识化服务，旨在推动高校学科建设及发展。这一全新的服务模式是高校图书馆主动适应新形势下高校学科建设发展，更新服务理念、创新服务模式的具体体现，也是高校图书馆主动迎接挑战、服务教学科研大局、重塑图书馆形象、推动高校图书馆事业又快又好发展的重大举措。

## 一、国外学科服务发展现状

国外学科服务以美国最具代表性，从理论研究到实践操作层面，都取得了较为显著的成果与成效。就理论研究来看，美国图书馆学界普遍认为学科服务是新形势下图书馆服务的发展趋势。例如，美国专业图书馆协会（SLA）原会长克莱尔认为"我们已经从追求信息的时代步入到了追求知识的时代，在共享知识和知识发展成为一切事情和交流的基础时，学科知识服务就理所当然地成了信息使用的有效管理方法"。美国图书馆协会（ALA）前主席克拉尼奇认为"信息资源的开放获取使得学科服务更有利于整合资源、信息导航"。比格尔认为"学科服务是一种围绕综合的数字环境而特别设计的组织和服务"。马歇尔等认为"专业图书馆的发展趋势是开展学科服务，而专业图书馆员应具备的专业能力之一就是通过理解专业知识，共享专业知识，为用户提供学科知识服务"。从实践操作看，美国内布拉斯加大学图书馆于1950年设立分馆并配备相应学科馆员，开启了美国高校图书馆学科服务的先河。进入21世纪以来，美国高校图书馆学科服务更是扎实推进，有力促进了所在学校的学科建设发展。据2007年美国研究图书馆协会对63个研究图书馆的调查发现，94%的图书馆开展了学科服务，并建立起了完善的管理、认证制度和评估指标体系，取得了很大成效。美国高校图书馆学科服务主要以二级学科为对象，几乎覆盖学校所有学科，学科馆员阵容庞大。调查发现，2007年美国排名前20位的大学图书馆有18所都开展了学科服务，其学科划分平均数为84，配备学科馆员89名，其中最多的是耶鲁大学，有155名学科馆员。学科馆员从招聘、培训、考核到薪酬晋级已经形成了一套完整的体系。学科馆员通过定期评价制度，对自身定位容易把握，工作目标更加明确。而且，美国高校学科服务体系完善，服务方式先进；学科馆员队伍整齐，综合素质高，服务能力强。例如，北卡罗来纳大学绿堡校区图书馆15个学科馆员要对全校49个系和交叉专业的教学、科研进行支持和帮助；康奈尔大学图书馆拥有18个分馆，馆藏总量约800万册，近500名馆员，50名学科馆员，平均每10名馆员就有1名学科馆员，分别隶属于主馆和各专业分馆，整体素质较高。这些学科馆员除从事传统的馆藏建设、参考咨询和院系联系服务外，还融入科研活动的全过程，研发在线出版平台，进行数据监管，同时还将信息素养教育嵌入课堂教学中，将学科服务推进到前所未有的高度。

## 二、国内学科服务发展现状

相比国外，国内高校图书馆学科服务的研究和实施要晚得多。1993年，李熙在《中国图书馆学报》发表《高校图书馆专业集成化服务模式初探》一文，认为高校图书馆"应按学科专业对读者开展集成化综合性服务，融书报刊、中外文于一体，工作者的业务工作具有学科定向性，进行高层次的学科服务"，显然，该文已有了学科服务思想雏形。1996 年，朱铮在《公共图书馆"划学科服务"悖论》一文中明确提出图书馆应该推行学科服务，与李熙的观点紧密呼应。起来至 1998 年，清华大学图书馆正式创建学科馆员制度，开启了国内高校图书馆学科服务之先河。目前，国内大部分高校图书馆都不同程度地推行了学科服务。

从提出学科服务概念，到学科馆员制度推行，再到学科服务不同模式出现，国内高校图书馆学科服务呈现出各具特色的工作流程和运行格局。仔细审视国内高校图书馆学科服务的研究及实践，无疑还存在着一些问题，体现在不同层次、不同地区、不同隶属关系的高校对学科服务重要性的认识程度及开展成效存在明显差异。大致来说，重点大学、部属院校与发达地区高校普遍重视图书馆学科服务，且学科服务开展初具规模，效果显著，如清华大学、北京大学、同济大学、上海交通大学、西安交通大学等。而普通高校、地方院校及落后地区高校对学科服务则重视不够，尚处于探索阶段，效果不佳。有的甚至至今仍未开展此项工作。总体上来看，国内高校图书馆学科服务显得相对滞后。

# 三、国内学科服务发展滞后原因分析

## （一）高校领导层认识偏差

高校图书馆是为教学科研服务的学术性机构，是高校的信息化产业基地，为师生教学、科研和学习提供文献信息资源保障，在高校发展大局中处于举足轻重的地位。然而，长期以来，不少高校主要领导认识不到图书馆在高校发展大局中的重要地位，一再淡化、弱化图书馆的功能与作用，随之而来便是诸多问题，主要表现在以下几个方面。一是对图书馆经费投入与使用重视不足。学校划拨给图书馆经费缺口较大，只是在本科教学评估时，为满足馆藏生均图书 100 册、年进新书生均 4 册的硬性指标要求时才增加图书购置经费。图书馆采书缺乏原则和标准，好书、劣书都一并购回，严重影响了馆藏质量。二是进人计划中缺少图书馆学方面人才。高校进人计划很少甚至不考虑图书馆的用人需求，图书馆反而成了"收容所""安置站"，导致专业技术人才极度匮乏，管理人员整体素质偏低。三是对图书馆在学科建设中的定位不准。在意识上，认为图书馆是教辅单位，学科建设发展是学科团队和教学院系的事情，与图书馆关系不大；在行动上，有关学科建设的活动不要求图书馆参与，组建学科团队时，也不考虑吸纳图书馆员，导致图书馆在学科建设发展中被慢慢边缘化、无力化。上述这些情况不仅严重制约了高校学科建设发展，也影响了图书馆学科服务工作的开展。

## （二）图书馆宣传力度不够

图书馆对自身的宣传力度不够，导致学校领导及学科用户对图书馆服务学科建设的作用缺乏了解。高校图书馆学科服务是 20 世纪 90 年代后期才兴起的一种新型服务模式，是图书馆常规服务的拓展和延伸，部分学校领导、普通教师、科研人员对图书馆学科服务知之甚少，而图书馆在此方面的宣传也不到位，致使学校在推动图书馆服务学科建设发展方面缺少政策支持与制度保障，学科用户也缺少利用图书馆的积极性，影响了学科服务的进展。

## （三）学科馆员综合素质不高

学科馆员是实施学科服务的主体，是连接图书馆与学科用户的桥梁和纽带，其整体素质直接决定着学科服务的效果和质量。而高校图书馆推行学科服务工作以来，许多图书馆以此作为工作创新点而急于布局实施，在人力资源有限的情况下只能降低学科馆员的任职条件，或将工作人员经过短期培训后匆匆上岗。这些"学科馆员"知识储量有限，业务技能较低，只是工作缺乏主动、创新意识，这些严重影响了学科服务的效率和质量。

## （四）学科馆员管理制度缺失

许多高校图书馆缺少完善的学科馆员管理制度，诸如学科馆员任职条件、岗位职责、绩效考核等，缺少制度层面的刚性规定，致使学科馆员开展服务工作缺乏制度依据，从而制约了学科服务发展。

## （五）学科图书馆藏质量不高

近年来，为适应高校学科建设发展，给学科用户提供优质文献资源保障，图书馆日益重视学科资源采购，设法提高学科图书馆藏质量。一般情况下，每逢采书都会邀请院系专业教师一同前往，但有的教师并非立足于专业及学科建设发展大局进行采书工作，而是仅仅出于自己教学科研主观需要选购图书，从而使图书馆藏学科资源质量没有得到根本改观，也一定程度上制约了学科服务的开展。

## 四、改进措施

### （一）高校主要领导要树立图书馆在学校发展大局中有着举足轻重地位的意识

教育部最新修订、颁行的《普通高等学校图书馆规程》（以下简称《规程》）指出，"高等学校图书馆是学校的文献信息资源中心，是为人才培养和科学研究服务的学术性机构，是学校信息化建设的重要组成部分，是校园文化和社会文化建设的重要基地""图书馆的主要职能是教育职能和信息服务职能。图书馆应充分发挥在学校人才培养、科学研究、社会服务和文化传承创新中的作用"。可见，图书馆在高校发展大局中的重要地位。所以，高校主要领导务必要改变传统的固化的轻视图书馆的思维，严格遵循《规程》，从图书馆与高校教学科研、人才培养、学科建设密切相关方面出发，切实加大对图书馆人力、财力、物力的支持力度，彻底改变图书馆在高校被边缘化或临界边缘化的尴尬境遇，将图书馆纳入学校发展的整体规划和蓝图中，推进图书馆学科服务的发展。

### （二）图书馆要加大学科服务宣传的力度

高校图书馆学科服务兴起于 20 世纪末，是一种新型服务模式。由于发展时间较短，很多学校的领导、教师、科研人员对图书馆学科服务功能还不是很熟悉，因此，高校图书馆必须就学科服务的意义、作用、模式等方面进行大力宣传，使广大师生特别是学科用户能够认可并乐意接受，进而主动寻求学科服务。围绕怎样宣传，怎样才能收到好的宣传效果，图书馆上下要开动脑筋，多想办法，群策群力，集思广益，让宣传方式、途径、渠道更加多元化。例如，可以通过图书馆主页、学校 OA 自动化办公系统、校报、学报、宣传橱窗、展板、BBS 公告、图书馆官方微博微信、学科服务 QQ 群、专题报告等形式向广大师生推介学科服务。图书馆领导要积极向学校主要领导宣传实施学科服务的重要意义，争取学校政策和经费支持；普通馆员应加强向师生宣传、推介学科服务力度，扩大师生对图书馆学科服务的深入了解，调动学科用户在学科建设发展中主动寻求图书馆提供服务与支持的积极性，推动高校学科建设与图书馆学科服务互促并进格局的形成。

## （三）着力提高学科馆员的综合素质

学科馆员综合素质欠佳是导致高校图书馆学科服务水平不高的重要原因之一。所以，学校和图书馆必须花大气力，采取切实步骤，着力提高学科馆员的综合素质。鼓励、支持并创造条件，让学科馆员取得更高一级的学历，提高学历层次；遴选出思想素质高、专业基础好、接受能力强的学科馆员轮番脱产进修或短期培训，及时更新观念并补充新的知识；分期分批选送学科馆员到重点高校图书馆短期参观学习，学习对方学科服务方面的新理念、新做法；选派有科研潜质的学科馆员参加全国性图书情报专业学术会议，鼓励学科馆员申报各级、各类科研课题，有计划地举办学术交流活动，提高其科研能力。通过这些举措为图书馆培养造就一批学术带头人及熟谙现代化图书馆业务技能的综合素质较高的学科馆员骨干，从而能够更好地服务学科建设。

## （四）完善学科馆员管理制度

由于高校图书馆管理制度体系中缺失学科馆员管理的内容，致使学科馆员开展服务工作缺乏有关制度依据，从而影响了学科服务的有序发展。为推动学科服务工作的扎实开展，图书馆亟待完善管理制度，建立涵盖学科馆员的完整的管理制度体系，使学科馆员推行学科服务有章可循、有据可依。笔者认为，学科馆员管理制度，应包括任职条件、岗位职责、考核评估三个层面。

### 1. 学科馆员任职条件

学科馆员不是一种单一的角色，而是多种角色的综合体，需要具备多种能力。凡任职学科馆员，应满足如下条件：硕士及以上学历或副高及以上职称；具有相关专业的学科背景，了解其学科发展现状及对文献信息的需求情况；丰富的图书馆学、情报学基础知识，谙熟馆藏结构与资源分布，能为学科用户提供优质高效服务；娴熟的计算机、网络信息检索技术，具备利用参考工具与检索工具帮助学科用户利用图书馆获取文献情报信息的能力；较强的语言表达、写作、公关、协调能力，能独当一面开展工作；有较强的敬业、负责、团队协作精神和用户服务意识，视学科服务为自身事业追求。

2. 学科馆员岗位职责

学科馆员岗位职责应包括：定期征询学科用户对图书馆文献资源建设和服务方式的意见及建议，并及时将征询到的意见及建议反馈给图书馆有关职能部门，作为图书馆加强文献资源建设与改进服务方式的重要依据；通过多种渠道向学科用户宣传推介图书馆的信息资源与服务，传递图书馆信息资源与服务方面的最新信息；举办相关讲座及学科用户培训，提高学科用户的文献资源利用率；在熟悉本馆有关学科诸如图书、期刊、工具书、数据库等馆藏情况及其使用方法的基础上，搜集、鉴别和整理学科用户的信息资源需求及利用状况；通过电话、电子邮件、在线交流、当面咨询等多种方式了解学科用户的教学科研情况和发展动态，及时解答学科用户疑难，为学科用户提供参考咨询服务，协助学科用户进行相关课题的文献检索；主动与各学科专家、学科带头人建立联系，了解其最新教学、科研课题的进展情况，协助其进行在研课题的专题文献检索，慢慢做到有目的、有计划、有针对性地为学科用户教学、科研提供定题服务和参考咨询服务；掌握相应学科的学术研究动态，追踪学术前沿，对一些热点问题、代表论著、新观点进行收集和分析研究，以二次、三次文献形式揭示给学科用户，为学科建设发展提供参考；定期参加学科服务工作会议并提交工作报告和情况综述。

3. 学科馆员考核评估

学科馆员的考核评估是其管理制度的重要组成部分，建立科学、合理、有效的绩效考评体系，是促进学科服务发展的关键。图书馆应遵循定性与定量相结合的原则，具体从履职情况、服务创新、读者评价三个方面对学科馆员工作绩效进行精准考评，对考评时间、考评参数、奖惩标准等均要有明确规定，以促使考评工作顺利进行。

## （五）提高学科馆藏资源质量

图书馆学科馆藏资源质量不高，导致学科服务发展滞后。因此，应着眼于提高学科馆藏资源的质量，使馆藏资源更加丰富，推动学科服务向前发展。为此，图书馆要充分发挥学科馆员与院系联络员的作用，根据高校教学科研、学科建设发展对文献信息的需求，加大向学科建设发展方面的资源购置力度，逐步形成具有明显的学科优势和特色的馆藏体系。具体来说，要突出以下几个方面：（1）围绕高校优势学科、强势学科和特色学科的建设发展，加强文献资源建设，加大经费投入比例，形成具有明显学科优势的馆藏特色。（2）注重高校重点扶持的新兴学科的文献资源建设，使文献资源保有量基本满足新兴学科的建设发展需求。（3）保持学科重要文献和特色资源的完整性和连续性。（4）注重学科网络虚拟资源建设，整合实体资源与虚拟资源体系，逐步形成馆藏文献资源丰富、网络资源占有一定优势的学科特色明显的馆藏体系。

学科资源建设的关键是把好文献采购关。为此，图书馆要落实并强化学科馆员、院系联络员制度，通过他们去广泛征集各学科用户意见，确保购置的纸质资源及电子资源可以完全满足学科建设发展需求。为做好学科资源购置工作，学科馆员要先对其服务学科的馆藏资源了然于胸，然后将学科馆藏资源情况通报给学科用户，并征询学科用户的资源需求，进而将学科用户需求反馈给图书馆资源采购部门。采购的学科资源入库后，学科馆员应适时将资源情况反馈给学科用户，征求学科用户新的意见或建议，并及时将征求到的意见或建议再反馈给图书馆资源采购部门，形成提高学科图书及电子资源的采购质量的良性循环，最大限度满足学科用户的资源需求，更好地服务于学科建设。另外，网络资源方面应注重海量信息的搜索、筛选、编辑与整合，以二次、三次文献的形式提供给学科用户。还可在图书馆网页上开辟"读者荐书""读者选书"专栏，拾遗补阙，弥补因某些环节疏漏而造成的学科前沿图书缺失，从而实现全方位满足学科建设发展对文献资源的需求。

# 第四节　高校图书馆嵌入式学科服务

本节在对高校图书馆嵌入式学科服务的内涵与特征进行解读的基础上，进一步分析了高校图书馆嵌入式学科服务对高校科研管理的影响，并结合当前高校图书馆工作开展实际，总结了面向科研管理的高校图书馆嵌入式学科服务构建要素，最后提出了面向科研管理的高校图书馆嵌入式学科服务的建议，以期为高校科研管理工作与图书馆学科服务融合发展提供参考。

随着大数据技术的不断推广与运用，科学研究对信息技术的依赖程度进一步加深，深入推动高校科研管理工作与学科服务工作融合发展已成为高校自身能力建设面临的新的挑战。高校科研管理工作与学科服务工作的结合程度，不仅反映了高校在新形势下综合性发展能力的整体状况，而且会对科学研究的进展效率以及信息化水平建设的发展方向产生重大影响。一方面，图书馆学科服务水平代表着高校图书馆信息化建设在数量、质量以及供给方式等方面的基本特征，其本质目的是服务于高校发展的方方面面，其中就包括面向科研管理的服务。另一方面，高校图书馆学科服务水平与本校科研管理的效率直接相关，原因在于：高校图书馆学科服务的供给越符合科研团队的基本需求，就说明高校图书馆的学科服务越能提升科研管理的效率，对科研进度的影响力就越强；反之，高校图书馆的学科服务同科研团队的基本需求不能形成有效匹配，就意味着高校图书馆的学科服务水平低下，无法有效地支持高校科研管理工作的开展。由此来看，基于满足用户个性化服务需求的嵌入式学科服务，能够在一定程度上推动高校科研管理与图书馆学科服务的融合发展。

# 一、高校图书馆嵌入式学科服务的内涵与特征

## （一）高校图书馆嵌入式学科服务的内涵

嵌入式学科服务可以从广义和狭义两个方面来进行理解。从广义上来说，嵌入式学科服务就是高校图书馆围绕学科用户的实际需求，凭借互联网技术，积极进行学科服务，推行全面的、不受地域限制的、符合用户各阶段各种需要的、具备增值性特征的知识信息服务。从狭义方面来说，嵌入式学科服务就是高校图书馆学科馆员凭借互联网技术，针对学科用户各阶段实际需要，为其专门提供具有课题研究价值的知识信息服务。因此"主动嵌入、个性化辅助、融汇学科、增值提效"可以看作是高校图书馆嵌入式学科服务最基本的内涵。

## （二）高校图书馆嵌入式学科服务的特征

### 1. 主动性

嵌入式学科服务具备主动性，具体体现在以下两个方面。一是高校图书馆学科馆员具备工作主动性。作为嵌入式学科服务的主体，学科馆员在工作中主动地融入科研过程，其过程不受图书馆地理位置的限制，并且能够积极

主动地加强同高校科研人员的交流和合作。二是学科服务工作内容具备主动性。在掌握学科最新的研究成果、了解服务对象的实际工作内容和工作流程的基础上，可以有的放矢地提供有针对性的服务，积极帮助用户顺利实现工作目标。

### 2. 广泛性

广泛性首先体现在高校图书馆面向科研管理的嵌入式学科服务对象较为广泛，高校各个学习层次、各专业背景的学生、教师、专职科研人员，只要参与到科研活动当中，都可以看作是面向科研管理的嵌入式学科服务的对象。其次，不同的学科服务需求均可采用嵌入式的服务方式，无论是常见的文献信息检索需求、信息技术素养提升需求，还是直接与科研过程相关的数据挖掘需求、知识整理需求，都可以采用相关嵌入式学科服务方式。

### 3. 一致性

嵌入式学科服务是围绕用户实际需要的一种动态的、全面的跟进式服务。所以，嵌入式学科服务的目标、内容、方式以及定位均要和用户的需求相统一。馆员除了要担任信息服务提供者以及合作者的角色之外，还要强化和用户群体之间的联系，积极地融入其中。在课题研究过程中，可以将他们看做是课题研究组的成员之一。图书馆员通过与科研小组成员共同承担学科研究任务，不仅可以实现学科服务自身能力的提升，而且也可共同分享实现科研成果的喜悦，从而体现了"嵌入"的人文内涵。

### 4. 增值性

嵌入式学科服务的关键就是发挥现代图书馆信息网络技术方面的优势，再加上高校图书馆工作人员拥有用户所不具备的专业信息素养，可以为用户提供各种良好的增值服务。嵌入式学科服务具体表现为除了给予科研用户相关的立项查新调研和课题方面的信息资料之外，还可以给予其项目申报以及项目进行过程中的信息帮助，进而在提升科研项目效率的同时，提高其增值性。嵌入式学科服务的增值性通常体现在知识服务的每一个环节当中。

## 二、嵌入式学科服务对科研管理的影响

### （一）有助于实现科研管理的个性化需求

在互联网高度发达的条件下，以往高校图书馆的学科服务方式无论在服务内容、服务模式乃至服务精细化程度等方面，都已经不能充分满足科研小组的个性化需求。这就意味着高校图书馆学科服务必须以新的服务模式来满足科研小组的多方面个性化学科服务需求。而嵌入式学科服务围绕用户的实际需求，化被动为主动，积极为用户科研决策的每一个环节提供所需的信息资源和服务，加强服务和用户之间的联系，建立能够满足用户各种特定信息需求的环境，是现阶段学科服务打破限制和更好发展的力量源泉。

### （二）有助于推进科学研究的信息化

科学研究的信息化指的是通过网络技术，突破计算和储存设备、知识资源以及科研仪器等的地域局限性，强化之间的联系，针对网络科研，构建起一个通用的基础设施支撑环境，促进互联网中计算、数据以及服务等资源更好地共享和集成，进而为区域以及全球的合作提供实验环境方面的支持。一方面，在嵌入式学科服务方式下，科研人员更容易获取与其科研活动相关的各类信息内容，不仅包括文献信息内容，而且涵盖科研要素供给信息；另一方面，目前的实验性科研活动当中，先进的实验设备仪器往往伴随着巨量信息的产生，如何对这些巨量信息进行储存、管理、分析、应用，已成为科研过程中亟待解决的突出性问题，而在嵌入式学科服务方式下，馆员利用高校图书馆的大数据技术，能够有效地实现对各类数据的储存和高效筛选利用。

### （三）有助于满足科研人员对知识利用的需求

现阶段，科研方式的改变导致科研人员对知识检索的要求越来越高。科研用户愈加关注知识元和知识库的使用，如虚拟实验室和器械、科学计算软件及计算机辅助合成设计将会被更多地挖掘，科学研究可视化也会使知识的利用方式更加多样，而这些都可以在高校图书馆嵌入式学科服务方式下加以解决。此外，在数字科研的整体环境中，知识质量也在不断地改变，急需对缺陷知识和虚假知识进行知识控制，而高校图书馆嵌入式学科服务方式能够

提高科研人员知识控制的效率，为其进行知识的归纳、检索和挖掘提供相应的便利，将隐性知识转变为显性知识，从而提高知识利用的水平，推动科学研究更好地进行。

## 三、面向科研管理的嵌入式学科服务构建要素

### （一）数字化学科服务共享平台

以往，高校图书馆服务于科研管理的内容，如科技查新、检索工具供给、查收查引、期刊来源查询、科研定题咨询、科研论文撰写与投稿、数据分析与挖掘等，基本上都零散地分布在高校图书馆各职能部门当中，即便出现在数字化图书馆门户网站，其链接入口也难以完全被科研人员及时发现。此情况下的学科服务，呈现出难以融入科研人员研究进程、缺乏有效的专业化学科指导、各服务功能要素无法高效衔接的问题。而通过建立数字化学科服务共享平台，图书馆员可将上述服务内容有效地整合在共享平台中，不仅有利于各项服务信息的全方位展示，而且便于科研人员及时发现、获取，从而实现面向科研人员的集约化服务。

### （二）专业化服务团队

嵌入式学科服务的基本条件在于馆员能够有效地融入课题研究小组当中，并充分发挥其特殊的工作职能。在当前条件下，嵌入式馆员要想真正服务于科研的全过程，不仅需要对科研课题的学科背景有一定的了解和把握，还必须具备咨询能力、策略规划能力、信息组织筛选能力、数据分析处理能力，以及现代化学科管理能力等多项能力要求。因此高校图书馆要想真正地为其所服务的科研小组提供高水平、专业化、个性化的学科服务，就必须组建具有多学科、多能力、多技术、多角色的学科服务团队，以团队的形式开展嵌入式学科服务，并使学科服务团队始终处于学科发展的前沿。在这一模式下，图书馆嵌入式服务团队，可以通过团队内部分工的方式，集团化嵌入课题研究小组当中，实现与其他科研小组成员之间的有效沟通和合作。

### （三）科学化的管理制度

面向科研管理的高校图书馆嵌入式学科服务是以课题研究小组为主导的

形式复杂多样的服务模式，因此其工作的开展必须有一定的科学化管理制度作为基础支撑。就制度设计的实质而言，必须要明确以下四方面的内容：第一，了解嵌入式学科服务的目标、宗旨以及内容；第二，建立完善的嵌入式学科馆员相关制度，制定具体的学科馆员选拔标准，包括知识背景、年龄、学历以及各项能力等；第三，构建合理的学科馆员动态交流机制，学科馆员不仅是学科服务的实施主体，更是学科服务理念的践行者，所以必须在确保其稳定性，在避免合作机制和服务出现间断问题的同时，保证其具备相应的流动性，如可凭借末位淘汰制度，增加学科馆员的压力，促使其化压力为动力，激发学科馆员的积极性；第四，构建嵌入式学科馆员的培训机制，给予学科馆员完善知识结构、探索学科最新知识以及沟通和交流的机会。

# 四、创新嵌入式学科服务的建议

## （一）充分满足用户的个性化需求

高校图书馆是高校最主要的资源中心，它主要服务于人，根本目的是在提高图书馆资源利用效率的同时，促使人更好的去发展。所以，高校图书馆必须转变服务理念，树立服务意识，以人为本，并将满足用户的实际需要作为出发点。嵌入式学科服务体系是一种科学的管理体系，为了达到其要求，高校图书馆必须树立以满足用户需求为宗旨的服务理念。高校图书馆除了可以使用现场采访法和问卷调查法之外，还可以使用微信、微博以及门户网站等方式方法，来保证调查的广泛性，掌握用户的实际需求。然后在对信息进行广泛收集的前提下，按照种类进行归纳和处理，并从中发现用户需求的某种规律，掌握用户需求的真正特点。最后，结合用户需求的实际状况，通过学科服务平台来发布相关的资源信息；从而能够更好地满足用户的需要。

## （二）强化综合信息资源的能力

目前，科研过程中所需的信息不仅数量多、种类广，而且对于信息的内容和时效性也提出了新的要求。在这种情况下，高校图书馆在开展嵌入式学科服务的时候，就必须通过科学数据管理，深入而全面地收集和处理信息资源，从而提高服务的水平。

综合信息资源的方法不仅包括传统和非传统文献资源的完善，而且还包括强化机构间的合作和交流。其中主要涉及图书馆和其他图书馆、院系以及信息机构之间的多部门、多区域和多行业的合作和交流。积极合作除了可以更好地分享网络科技文献资源以及科技服务，互相弥补不足之外，还可以提高资源建设的效率，避免人力和物力的浪费。

## （三）强化学科导航系统建设

近年来，科研信息环境的不断改变，使科研人员对于学科服务的要求越来越高，他们希望可以获知国内外最新的学科发展情况，收集、整理包括新兴领域在内的各领域的信息，然后在研究、使用和再创新的过程中秉持创造性的精神开展各项工作。尤其是部分新兴学科和交叉性学科发展迅速，专门研究此类课题的人员迫切需要最前沿的学科发展信息。在此背景下，就必须在归纳和整理高校图书馆资源的同时，要去建立和完善专题资源。所以，高校图书馆应该积极地使用如实验室指南平台等工具来构建专门的学科服务网页，提高学科导航的具体性和针对性。

## （四）发展集中化的嵌入式学科服务管理模式

我国大部分高校图书馆的学科馆员通常都具备一定的学科背景，他们并不集中于图书馆的某个部门，在承担专门的部门任务的同时，还需要完成相应的学科服务工作。这种管理模式既缺乏合理的规划，又过于分散，难以保证学科服务的协调性，更会限制学科服务团队之间合作和分享的效率。另外，在大数据时代，科学研究的过程正向着差异化、知识化以及学科化的方向不断发展，而对学科服务进行集中化的管理有助于业务安排以及团队合作效率的提升。因此，高校图书馆在嵌入式学科服务具备成熟的操作经验的条件下，应当进一步发展集中化的嵌入式学科服务管理模式。

## （五）形成面向科研管理的嵌入式学科服务评价体系

目前，关于高校图书馆嵌入式学科服务的研究大部分集中于如何进一步深化服务的内容，而关于科学的评价体系建立的研究还比较少。为了确保嵌入式服务的质量，不仅需要科学、合理的管理体制，而且还需要完善、可行的量化评价体系。所以，高校图书馆必须要着重构建量化评估体系，并不断推动该体系的完善。而在构建量化评估体系的过程中，必须针对学科馆员的工作效率和工作质量，构建专门的考核机制，针对学科服务团队和学科馆员构建相应的协调配合机制。与此同时，为了保证用户对相关服务的意见能够得到及时的反馈，且获得高效的回复，还必须构建服务反馈机制和回复机制。另外，还要根据实际情况，在构建有效的部门支持机制和服务平台搭建机制的同时，构建学科馆员的激励机制、加入队伍和退出队伍的相应机制等，从而实现提升学科服务水平、推动嵌入式学科服务更好发展的目的。

# 第五节　美国高校图书馆的学科馆员与学科服务

学科馆员及学科服务在美国高校图书馆已有半个多世纪的历史。本节回顾美国高校图书馆学科馆员与学科服务的历史；着重介绍美国高校图书馆对学科馆员学历、资历和能力的要求，以及学科馆员的主要职责和服务内容；分析入职门槛降低对学科馆员制度的影响；介绍美国高校图书馆嵌入式学科服务的实际情况，讨论中国高校图书馆开展嵌入式学科服务需要考量的因素。

近年我国高校图书馆纷纷开展学科服务，成为图书馆服务现代化的重要标志。我国图情期刊也发表了不少研究学科馆员的文章，从理论上对学科馆员建设的投入、服务内容、从业人员学历和能力标准均提出了诸多要求，但较少提及学科服务的实际操作。笔者在美国高校图书馆从事学科服务工作20余年，主管20多位学科馆员的学科服务工作。笔者所在的美国河滨加州大学图书馆（University of California Riverside Library）是美国研究图书馆协会（Association of Research Libraries，ARL）的成员馆，也属于加州大学图书馆联盟，其开展的学科服务在美国具有一定的代表性。为此，本节专门介绍美国高校图书馆学科馆员和学科服务的实际情况，供我国图书馆业界进行参考。

## 一、学科馆员的起源和定义

在美国，学科馆员概念最早出现在20世纪五十年代，六七十年代得到大发展。二战后，受惠于《美国军人权利法案》，大量退伍军人进入高校学习，美国高校快速发展，学科种类多元化。随后，出于冷战战略考虑，美国联邦政府通过拨款支持高校优先发展地域学和科学项目，直接刺激了图书馆馆藏发展。随着美国图书馆在全球各地收集各种关于当地的资料，只会英文且知识局限于欧美图书资源的传统图书馆员变得很难胜任该工作，迫切需要一批知晓各国历史文化知识、精通外语能力和了解当地出版流通业务的新型图书馆人才，学科馆员应运而生。即使在今天，美国图书馆协会（American Library Association，ALA）招聘网站上的学科馆员仍列在地域学／学科馆员职务类别里，这展现了美国图书馆界对学科馆员定位的历史痕迹。

以印刷物为主的馆藏建设是美国学科馆员的主要工作内容，这能从其英文说法中得到体现：以前常见的称呼是 Bibliographer，可以译为书籍专家、书目专家，后来普遍称为 Subject Librarian、Subject Selector、Subject Specialist。很多招聘公告把一个大的学科作为职位的一部分，如商业馆员（Business Librarian）、医学馆员（Medical Librarian）、科学馆员（Science Librarian）。全美高校图书馆并没有统一的馆内职务名称及其工作内容要求，各高校图书馆根据自己的需要和组织结构来确定馆内的职务名称，学科馆员的工作内容因馆而异。因此，往往要阅读了工作内容说明，才知道某个职位的详情，如对具体学科的定义、涉及的语言要求（如规模较大的高校图书馆东亚收藏的中国学馆员并不负责非中文的馆藏建设，而是由总馆的亚洲人文历史类馆员或馆藏建设馆员负责）、学科服务的工作量。

关于学科馆员的定义，加里认为："学科馆员是图书馆某个学科的专家。因为他们拥有某个特定学科的专业知识和工作经验，所以他们担负着馆藏建设和特别参考咨询的职责。此外，学科馆员还是图书馆指定的与教研部门之间的联络员，类似的学术背景和工作经验有利于这种工作关系。"尽管随着时代的发展，学科馆员的工作内容有些变化，但馆藏建设和特别参考咨询依然是其核心职责。无论是在历史上还是在当下，学科馆员的确是高校图书馆技术含量最高的职务之一。

# 二、学科馆员的学历要求和资历

## （一）图书馆员的资质认证及其与图书管理员的差别

尽管学科馆员的专业能力要求较高，但在美国，其最低学历要求与一般图书馆员相同，因此有必要讨论图书馆员的能力标准和资质认证。中国研究者分析了国外图书馆员职业资格制度和中国图书馆员职业资格认证的可行性，认为"学科馆员资质认证将从源头上保证高校图书馆学科服务人员的质量，改善学科服务人员素质良莠不齐的现状，为提升学科服务水平提供人力资源保障"。也就是说,学科馆员有较高的专业能力要求,须用规范的尺度来挑选合适的人才。

我国往往把图书管理员视为图书馆员的最低职称,图书管理员可以逐渐升为图书馆员。也就是说,先让人进来,然后通过培训等方式提高其资质。

在美国,图书管理员与图书馆员的关系类似中国的工人与干部的关系,他们在学历要求、工作经验、职务晋升、工资待遇等方面差异很大,年薪酬最高的图书管理员的收入往往与初入行的图书馆员相仿,其间并没有升迁关系。也就是说,一旦做了图书管理员,即使读了图情硕士或博士,也不能自动升为图书馆员。除非其他图书馆新设图书馆员职位,并向全国(其实是全球,因为一般没有国别限制)招聘,而你申请了该职位,并通过竞争成功拿到这个职位。在这种人事制度下,很多高校的图书管理员在读了图情硕士后,想成为专业图书馆员,最常见的做法是向其他图书馆申请图书馆员职位。而从文化角度看,美国高校图书馆似乎更喜欢从其他图书馆招聘人员,从而为本馆输入新鲜血液。

## (二)学科馆员的入职门槛

入职门槛通过 ALA 认可的图书情报学硕士 ALA/MLS(MLIS)来实现,这是被北美各图书馆认可的图书馆员入职学历标准,适用于招聘学科馆员。1925 年 ALA 对北美图书馆硕士学位采取严格的资格认定,而 ALA 核准的图情硕士学位的准授学校在质量和数量上十分稳定(目前在美国、加拿大和波多黎各共有 59 个学校),因此 ALA/MLS 在美国图书馆界有很强的品牌效应。这在招聘图书馆员职位时非常明显:只认申请人有没有 ALA/MLS,而不会在意学位是来自最好的图情学院,或者是通过函授从某州立学校的图情院系获得,只要有这个学位,就能过关,招聘委员会不会比较申请人的学位授予学校排名的高低。此外,一些图书管理员在读图情硕士,希望再上层楼成为图书馆员,于是在毕业前就开始申请图书馆员职位,并在申请上特别注明未来某个月会获得 ALA/MLS,只要在正式工作之前获得 ALA/MLS,也是完全被认可的。一般而言,雇主图书馆事后不会核实任何学位情况。这当然有弊端,但也表明诚信在一个成熟社会的重要性。

近年来,由于招聘到合适的学科馆员越来越难,一些图书馆将学历要求放宽到和本职位有关的相同经历或学历,即不再坚持以前作为图书馆员尤其是学科馆员的最起码要求:ALA/MLS。把图书馆员职位开放给非图情专业的其他学科专业人士，这并不意味着图书馆的工作，尤其是学科馆员更容易就业，现实情况是：这类职位的竞争更激烈，因为合乎学历标准的人更多。此外，一些招聘广告会要求写上有关的经验加上终极学位（这往往是博士学位的另外一种说法）。这种趋势导致近年来一些新招聘的学科馆员，尤其是和地域学有关的学科馆员出现学位升级现象：越来越多的新进人员具有图情硕士和专业博士双学位，以前常见的是图情和专业双硕士。另外，也有图书馆把图情硕士加专业背景（往往意味着本科）作为学科馆员的基本学历要求。

ALA/MLS 作为图书馆员的入职门槛，在美国已经使用了大半个世纪，确实存在局限性，但不可否认的是：它用一种相对简单的办法保证了图书馆队伍的"纯洁性"，并使所有图书馆员的资质认证规范化；它也保证了所有图书馆员对图书馆学有比较全面的了解，图情知识是图书馆员基本能力的重要组成部分，没有接受过图情教育的其他学科的硕士或博士毕业生不具备这些基础知识。坚持 ALA/MLS 的另外一个好处是：招聘图书馆员时，它可以作为在第一轮筛选时使用的比较简单的标准，方便剔除不合格的申请人。以笔者多年来的招聘经验看，尽管图书馆在招聘地域学、法学、商业等学科馆员时注重较高的第二学位，有时甚至把它作为基本条件之一，但对其他的学科馆员职位，招聘委员会更注重申请人学历以外的能力和经历。

## （三）学科馆员的资历

由于学科馆员对高校图书馆具有重要作用，有人可能会认为美国有统一的行业标准来规范学科馆员的资质和能力。其实，除了对所有图书馆员职位都适用的 ALA/MLS 学历标准外，美国并没有统一的学科馆员资格标准。尽管美国大学与研究图书馆协会（Association of College&Research Libraries，ACRL）作为高校图书馆最权威的行业协会，的确发布了不少指导意见、标准和框架，但它们仅仅提供参考的指导性文件，其实对任何图书馆都没有约束力。此外，也没有与学科馆员直接有关的相关文件，最接近的一个文件可能是 2007 年由 ACRL 理事会通过的《辅导馆员和协调员能力标准》，但它充其量是一个指导性文件，而且小篇幅涉及学科馆员。

鉴于没有学科馆员资质和能力要求的行业标准，笔者便从实例中寻找答案，最精确的实例是具体的学科馆员的岗位说明书，但这往往是在招聘到一个学科馆员后，再根据其具体资历和图书馆情况来制定，无法得到太多的样本。因此，最实际且方便的实例莫过于美国高校图书馆的招聘公告。加里对

1990—1998 年美国高校图书馆 315 个学科馆员职位的招聘公告进行了研究，其中商业、社会科学、自然科学学科馆员职位各占 1/3。加里分析了这些学科馆员职位的要求、特点和资质，比较了其工资、主要职责、基本及期望的学历和技能。在这些招聘公告中，几乎所有图书馆员职位都有 ALA/MLS 的基本学位要求，只有不到 2% 的图书馆员职位略微放松了学历要求：申请人的图情硕士学历未必需要 ALA 认可，类似学历亦可；约 1/3 的图书馆希望学科馆员有第二个硕士学位，或者修过与本学科有关的课程，或者专业学士也行。关于学科馆员的主要职责，绝大多数招聘公告认为是参考咨询、文献指导和馆藏建设，而其他重要职责有担任学术联系人、检索数据库、提供特约参考咨询。美国高校图书馆最希望学科馆员具有的个人能力是沟通能力、与他人合作的能力和计算机技能。尽管加里的研究发表于 1999 年，但和德阿蒙等人 2009 年对科学类学科馆员招聘广告研究比较，加里的研究仍具有现实意义，因为大部分内容仍然合乎现在的情况。

德阿蒙通过分析美国高校图书馆 42 个科学类学科馆员的招聘公告，把科学类学科馆员的主要入职要求归纳为：具有 ALA 认可的图情硕士（MLS/MLIS/MIS）（100%）；为用户服务的取向和良好的人际关系（83%）；良好的口头和书面沟通能力（79%）；文献指导 / 教学（74%）；有具体学科的知识或经历（69%）；与人合作工作的能力（64%）；参考咨询技能（57%）。比较两个研究可以看出，虽然计算机和网络技术深入美国高校图书馆，并带来图书馆管理和服务理念的变化，对学科馆员在入职门槛、基本素质和技能方面的要求也有变化，但整体而言，近 20 年来具有一定的连贯性。

## 三、学科馆员的职责

加里和德阿蒙等人的研究虽然比较全面，但未深入讨论学科馆员的实际工作情况。为此，下面以笔者多年的学科馆员工作经验，参照其他研究文献，将具体讨论美国高校图书馆学科馆员的职责范围和专业能力。

### （一）馆藏建设

馆藏建设始终是学科馆员的核心工作。从本质上看，图书馆的其他服务其实是馆藏建设的延伸。学科馆员要根据本校师生和科研人员的研究、教学和学习需求，选择相关语言和合适形式的图书馆资料。想要建设一流的馆藏，图书馆就要走到用户之前，光靠用户推荐资料是无法建设好馆藏的。为此，学科馆员要熟悉学科的基本概念、理论和研究方法，了解学科的发展动向，制定和贯彻本学科的馆藏建设方针；还要了解本校本学科的教授和研究人员的研究方向，如果有新聘教授，也需要要了解该教授出版的书籍和发表的文章对其他相关资源的引用情况，以此改善本馆资源建设。

作为图情专业人员，学科馆员要发挥专业特长，而这往往是非图情专业人士所不具备的，比如，学科馆员对本学科的图书分类了如指掌，熟悉本学科的核心馆藏资源，包括各种载体资源。在电子数据库盛行的当下，这意味着还要了解本学科各种电子数据库的资源范围、界面、使用便利性，以及印刷和电子等出版形式的优缺点等。近年美国很多学科出现了不少专业数据库公司和大量数据库。比如，商业金融类，即使不算用于特种的交融交易的数据库，单单是普通学校教学科研用的数据库起码就有几十个。从上市公司的经营数据到所有私营公司的情况，甚至有可以分析一个具体产品供应链的数据库，使用者可以从中查询如苹果手机所有的供应商及其经营情况；此外，还有利用地理空间信息系统的商业分析系统，可以很容易地用来分析任何指定区域的所有商业活动以及相关公司。因此，学科馆员仅从图书馆专业这个角度，就可以做太多的事情。只有具有专业知识的学科馆员才能在众多电子资源中，根据本校图书馆馆藏和学科的需要，挑选到合适的资源。

学科馆员还须了解本学科的出版渠道和主要出版社，知道从哪些书商或数据商可以获得相关资源；须密切关注出版趋势和出版新技术，这其实是过去地域学对国外书商了解的延伸。如果是地域学馆员，还要了解当地的出版业流通渠道，甚至需要懂当地语言，否则会出现只知道要买哪类书但没有地方可买的情况。学科馆员需经常和数据商或书商打交道，以了解新资源，有时是在大型图书馆展台上进行了解，但更多是数据商或书商直接来馆与学科馆员会谈并做展示。对于区域学馆员来说，每年到负责的国家或地区访问书商，参加当地书展，以了解当地出版动向，直接选书采购，也是常见的做法，这就是所谓的"购书之旅"。学科馆员还要了解在本学科中，与本校排名相当或更好的大学，并通过 OCLC Collection Evaluation Module 等馆藏分析工具，比较本馆与其他图书馆的馆藏，找出本馆本学科馆藏的不足，并寻求解决之道。

随着读者驱动采购等新采购模式的普及，学科馆员将更多精力放在期刊和电子数据库采购上。在美国，学科馆员对自己负责的学科馆藏有很大的决定权。比如，在电子数据库采购上，学科馆员负责从初期评估、选择、向馆藏委员会推荐，再到与数据商接洽取得最初报价和使用协议，有时甚至参与最后的采购价格和合同谈判。这要求学科馆员充分了解本学科的馆藏和用户需求，更要求学科馆员拥有良好的沟通和谈判能力。学科馆员还需要与图书馆联盟内本学科的其他学校图书馆员保持联系：一方面了解其他图书馆的馆藏情况；另一方面联合起来与数据商谈判，以优惠价格参加联盟采购。美国学科馆员在这点上有较大的发言权，就笔者所在联盟而言，很多联盟采购均由基层学科馆员发起，经过协调后达成联盟采购。

将多年（一般标准是 10~15 年）不用的书籍剔旧或送往馆外仓库保存是馆藏建设的一部分。剔旧是学科馆员的工作内容之一，剔旧的依据不仅要看书籍的过去，更要预估未来可能的使用情况，以及了解每本书的学术价值。这需要全面了解本学科的馆藏以及它在本校未来的发展情况。美国高校图书馆重视在架馆藏的品相，稍有破损就会送往保藏部或装帧工厂修缮，所以品相一般不是剔旧的尺度之一。

值得一提的是，"学术中立"是美国图书馆员职业操守的核心，在美国图书馆协会颁布的图书馆工作人员职业道德准则里，起码有四五处提到该理念。学术中立对馆藏建设尤其是人文和社科学科的馆藏建设特别重要。因为坚持学术中立，学科馆员不仅在参考咨询等场合以中立姿态传递信息，而且在馆藏建设上实现包容、均衡发展馆藏。带有个人好恶的非中立学术立场会对馆藏建设产生严重的负面影响。比如，不实行学术中立，很多书刊有可能会错过最佳采购时机，并很难回溯采购。

## （二）参考咨询和协助研究

在大多数情况下，学科馆员的主要"正职"是人文、社科和科学类的参考咨询馆员，大部分工作是在参考咨询台上面对面或用电话或用网络社交工具解答用户咨询。此外，他们还要提供专业的学科服务，以及来自本校用户有关本学科的特约参考咨询。比如，为本科生学科研究报告或研究生学位论文提供文献收集服务，这些工作的难度往往较高，普通参考咨询馆员难以应对。在部分学校，学科馆员每周在图书馆办公室和院系有固定的坐班时间，开放给任何需要咨询的用户，无须预约。学科馆员还需要讲授本学科的文献信息资源指导课，往往是在和任课教师协调后直接插入商业、金融、法律、医学等专业课中，每学期固定；也可以由任课教师根据课程或作业需要，在和自己对口的学科馆员联系后再做安排。另外，编辑和更新本馆网站上关于本学科的图书馆导引也是学科馆员的职责。

## （三）图书馆学术联系人

向用户推广馆藏和服务是图书馆的基本工作内容。学科馆员不仅要了解本学科的研究和发展，了解本校师生和研究人员的研究、教学和学习需求，还要积极把图书馆或所在图书馆联盟的资源和服务推广给用户，让他们了解且利用这些资源和服务。这种互动的交流关系也能从学科馆员的另外一个称呼"图书馆学术联系人"上体现出来。在很多高校，院系有对口的教授联系人配合图书馆学术联系人的工作。

作为学术联系人，学科馆员需要与本学科的教授和研究人员保持联系，了解他们的学术动态，掌握他们对图书馆资源、服务以及空间的需求。新趋势是把一些原来在院系做的项目转移到图书馆，因为图书馆作为中立场所，能让各个院系的师生在没有隔阂和顾虑的情况下，轻松自在地做跨学科的功课和项目。为了加深了解，在条件允许的情况下，学科馆员应参加院系的学术或行政委员会，尽快了解新聘用教师的科研背景，以便更好地为他们的研究和教学提供服务。

学科馆员作为学术联系人，推广图书馆馆藏、服务和设施有诸多好处：第一，这是重要的营销手段，学科馆员通过和教授、学生的接触，全面深入到自己负责的院系的学术活动中，时常在科研教学部门面前提醒图书馆的地位，让大家充分认识到图书馆在创造和发展知识过程中的重要作用；第二，学科馆员能在学校更高层次的一些活动中起到重要作用，如募捐、战略规划、学位和课程发展、多元化倡议、日常运作、教师管理，在需要时，学科馆员要提交本学科文献资源发展及馆藏分析报告供图书馆或院系参考，参与撰写新学位计划书中关于本学科的馆藏建设部分；第三，图书馆员将自己独有的专业能力投入所负责院系的学术活动和其他活动中，能够展现自己的特殊价值，从根本上提高图书馆员的职业地位。

学科馆员的上述贴心服务，核心是提供高品质的与图情专业有关的服务，但不包括普通文件传递、馆际互借等普通服务，因为这些工作由馆际互借服务部的工作人员负责，不属于学科馆员的服务范围，学科馆员只在馆际互借服务部无法找到特别难找的资料时才提供咨询。

## （四）学术交流、公开获取和研究数据保存

数字学术是近年来美国高校图书馆为了配合数据时代高校科研需要而开展的新服务，包括学术交流、开放获取、数据管护、机构云储存、数字人文等内容。这些在美国高校图书馆已是常态服务形式。这些新服务需要学科馆员具有开放获取、个人隐私、公共权益保障、知识产权保护等方面的知识，还要具有数据挖掘、管护和管理方面的技术能力，并且熟悉本学科在这些新领域的特点。

在这方面，就不得不提 2013 年加州大学学术交流办公室颁布的开放获取政策，这是一个在本领域的标杆性文件，它规定加州大学的教职员工保留自己的学术成果，让公众有公开自由索取的权利，主要有两种形式：初稿在送出版社编辑出版前，就存入学校的电子学术数据库；在出版物上提供开放获取链接。美国此类数据库很多，世界排名前 10 位的相关数据库，有 7 个属于美国高校和学术机构。在美国，高校图书馆在推进开放存放进程中起了关键作用。部分图书馆有馆员专门负责开放存取，部分图书馆在网站上进行说明，部分图书馆开设讲座辅导教授和研究人员如何将学术成果存入数据库以让人们开放获取。

2011 年美国国家科学基金会（National Science Foundation，NSF）规定：2011 年 1 月 18 日后送交的所有基金申请书必须包括数据管理计划。由于很多教授不熟悉数据管理计划的内容和格式，在一段时间内，推广该规定以及辅导制作数据管理计划成为学科馆员的工作内容。随着越来越多的研究成果和档案以电子数据的形式出现，数据管护变成了图书馆新任务，部分图书馆有专职的研究数据管护馆员负责该项工作；部分图书馆把数据管护工作纳入学科馆员的工作范围，或者让学科馆员根据本校的政策规定以及国家、国际标准，协助数据管护馆员选用、甄别、整理、储存教授和研究人员的研究资料和数据，帮助解决他们在日常数据处理和保存上遇到的问题，以此来为数字学术等新型图书馆服务添砖加瓦。

部分图书馆的学科馆员还对本校产出的研究数据、技术报告、学术会议论文等进行系统化的整理和储存。学科馆员还要收集和鉴别与本校学术产出有关的证据，如教授和研究人员的科研产出和学校行政公文，决定其中是否有可以保存到图书馆特藏和档案馆的内容。

## （五）专业发展

随着学科服务多样化，对学科馆员的能力也随着提出了新要求，但现实是美国高校图书馆馆员的年龄偏高。1994 年，美国超过 45 岁的图书馆员逾 55%；综合 ARL 年度统计和其他研究，目前 ARL 高校图书馆馆员的平均年龄约 50 岁。为了跟上图书馆服务需要，美国高校图书馆学科馆员提升能力的方式主要包括：一是利用图书馆提供的经费参加国内外的专业研讨会；二是积极参加与专业有关的图书馆学会，承担学会中有关委员会或小组的工作；三是自学，比如，通过阅读专业期刊来了解相关学科的动向，把握图情学科发展趋势，学习与图书馆有关的数据库和软件知识，学会使用直接影响读者服务的网络社交工具。由于积极参加上述活动，尤其是在专业组织中承担工作，学科馆员既能提升专业能力，还有助于个人的职称评定和晋升，他们往往非常重视此类活动。在这里需要指出的是，美国高校图书馆员职称评定的项目多样化，发表学术论文只是其中一种选项。与中国图书馆员不同，美国大多数图书馆员，尤其是在那些图书馆员没有教授头衔的高校馆，图书馆员基本不写学术论文。

## （六）学科馆员兼任的特点

美国高校图书馆普遍存在人手短缺的情况，绝大多数学科馆员都是兼职，而学科服务只是其工作的一部分，最常见的"正职"是参考咨询馆员。人们往往容易把一个有某种学科背景的参考咨询馆员与某学科的学科馆员混淆，实际上这两者有很大的区别。比如，一个工程学科馆员的"正职"是科学参考咨询馆员，主要的日常工作是普通参考咨询，但因为兼任工程学科馆员（往往是本馆唯一的工程学馆员），则主管有关工程学的特约参考咨询、馆藏建设，以及担任工程院系的学术联系人。专职的学科馆员往往出现在对某学科有大量学科服务需求且有固定经费长期聘用专职学科馆员的大型高校，而专职学科馆员出现最多的往往是地域学、法医商等学科。

尽管每个图书馆根据馆藏建设和服务重点，以及本校科研和教学需要来设置学科馆员职位，并且希望招聘到有能力的学科馆员，但实际操作并不容易，因为这类全国性招聘会受一些因素左右：有的来自学校本身，如地理位置、排名；有的来自职位本身，如工作内容、工作量、与申请人的希望是否相符；有的来自申请人，如申请人对招聘书上的薪酬范围和福利是否满意。

## 四、学科馆员的管理

在美国，因为各个高校的规模、馆员人数、服务需求以及图书馆组织管理架构不同，所以并没有固定的学科馆员管理模式。尽管如此，过去学科馆员的管理方式以学科为主线。在一些超大的高校图书馆系统，由于有众多的学科图书馆，因此学科馆员往往在不同的学科图书馆工作。这种以学科为主的管理方式的另外一个版本是把学科馆员集中到一个部门，最常见的是馆藏服务部。

近年来越来越强调读者服务概念，于是往往打破学科界限，把学科馆员融合到以读者支援为主线的服务部门，产生了以功能为主的读者支援结构：研究服务部、教学部、学术参与部。这种深化的学科服务能让学科馆员把专业服务与日常的读者服务结合起来，不但使读者能够更全面地获得图书馆服务，也使学科馆员能及时了解读者信息及其需求，并直接把这方面的信息用于馆藏建设和提升学科服务。但是，为顺应跨学科研究和教学发展的需要，相关资源和服务往往涉及几个学科，甚至跨越综合学科。比如，地理空间信息系统需要一个横向的系统来协调人文、社科、科学等综合学科的馆藏建设，避免各个学科馆员过分关注本学科的需要，而忽视综合学科层面的资源和服务发展。鉴于此，建立馆藏联席会议制度是较好的应对措施，它并行于以功能为主的读者支援的管理结构。馆藏联席会议往往以主管馆藏建设的副馆长为主席，通过定期会议或邮件等方式，把分散在全馆系统的学科馆员聚拢在共同的组织框架下工作，兼顾每个学科以及综合学科内的信息沟通，甚至考虑到那些可能受到学科服务的某些决定波及的部门，成员可以包括来自特藏、采编等部门的非学科馆员。

## 五、学科馆员趋势：入职门槛降低

近年美国高校图书馆招聘学科馆员的新动态是新型学科馆员的出现逐渐挑战传统 ALA/MLS 的图书馆员入职门槛。经过多年演变，学科馆员从 20 世纪五六十年代以地域学为主发展到目前几乎覆盖所有学科。图书馆按照学校学科配置，安排几十个学科馆员的现象十分普遍。但因为大多数学科馆员的工作是兼职，所以在招聘广告上看见的以学科服务为主要工作内容的职位主要是一些重点学科，如亚洲、拉美等地域学、STEM 学科以及医商法学。近年为迎合新的学习、研究和服务热点，出现版权保护、开放获取（OA）等新型学科馆员职位，但最热门的莫过于地理空间信息系统（GIS）。在笔者撰写本节时，仅加州大学图书馆系统就在招聘 3 个 GIS 馆员职位，主因是地理空间数据被越来越多的学科使用，收集、管理和保存地理空间数据对图书馆构成了挑战。由于这类学科专业性强，其知识内容超越了传统图情教育范畴，如果继续使用 ALA/MLS 入职门槛，那么就难以招聘到合适的人才。为此，招聘此类学科馆员时，很多馆以 ALA/MLS 作为最基本的学位要求，采用同等学位标准，让那些有专业硕士或博士学位的人在不是图情硕士的情况下申请图书馆员职位，这在过去是不可想象的事情。

该做法在一定程度上满足了图书馆提供新兴专业学科服务的需求，但把非图情专业硕士或博士作为入行门槛的做法也存在一定的弊端，既放弃了一直行之有效的图书馆员入行门槛，即 ALA/MLS 这个事实上的图书馆员资质认证规范，也放弃了统一的图书馆员的图情能力标准，因为非图情的专业能力并不等于图情专业能力。在这种扩招式的学历标准下聘用的人在提供日常图书馆服务时，往往会遇到一些困难。由于学科馆员基本上是兼职，他们需要承担的专业学科服务只是全部工作的一小部分，他们还有大量的其他工作内容，最常见的是以本科生为主的普通读者服务参考咨询服务。而这类服务需要基本且全面的图书馆知识，服务内容的中心部分是如何用图书馆的传统和电子资源来帮助学生完成作业，其内容既包括为一个历史通识课找几篇关于古罗马某皇帝的第一手资料，也包括为商业课找到一个上市公司的盈利数据，以及某一个城市的犯罪情况。这些往往涉及专门的工具书和数据库使用能力，涉的图书馆知识虽然不高深，但依然需要图情专业的基本功以及日常的知识积累。如果对基本的图书馆资源及其结构缺乏充分了解和熟练运用，那么将很难做好这些普通但非常重要的本职工作。

这是一个鱼与熊掌不可兼得的局面：要让一个没有经过图情教育的人士提供受过专业训练的图书馆馆员才能提供的图情服务，这非常困难。因为他们没有通过图情能力标准的检验。当然，这不是不可逾越的鸿沟，但意味着他们入职后，图书馆不得不采取措施，如继续教育、脱产培训或在岗训练，将其图情知识提高到和其他经过图情教育的图书馆员相同的水平上。另外一个办法是从相反的角度做起，从图情硕士中挑选有某种专业背景的人担任学科馆员，并让他们加强该专业的知识。

笔者倾向于第二种做法，原因是学科馆员首先是图书馆的工作人员，图情能力标准是最基本的上岗条件，专业学科知识是锦上添花的能力；也不需要图书馆员来做专业教师的工作，故而不需要过分强调其专业能力，能把图情专业知识和有关学科的图情服务运用到相关学科服务上即可，而不是倒过来。此外，从长远来看，该做法对图书馆员职业形成了冲击：美国高校图书馆从业人数逐年下降，2000 年为 95665 人，2012 年降到 85752 人。ALA/MLS 入职门槛保证了图书馆员就业的稳定性，让非图情专业的人做图书馆员的做法降低了图情硕士的含金量，从长远来看会损害图情行业的就业，打击把图情行业作为事业的图情学子的积极性。

# 六、关于嵌入式学科服务的讨论

## （一）美国高校图书馆的嵌入式学科服务

在阅读中国图情刊物和与中国图书馆馆员交流时，对嵌入式学科服务的理解是一个很有意思的话题。1998 年清华大学率先设立学科馆员岗位，开中国先河，随后学科服务大行其道，成为中国高校图书馆现代化服务的一大标志。中国研究者对学科服务提出了新的定位，甚至提出目标嵌入等全方位的嵌入式学科服务要求。这些研究中的一个论点是嵌入式学科服务在美国行之有年，效果良好。据笔者调查，中国研究者引用的嵌入式学科服务案例是美国约翰霍普金斯医学图书馆和洛杉矶加州大学生命医学图书馆，均为美国医学图书馆。实际上，拿它们作为美国嵌入式学科服务的例子这个行为仍有待商榷。

医学图书馆是美国高校图书馆里非常特殊的一类。第一，美国高校的医学院往往是独立王国，它们有独立的预算系统，绝大多数医学图书馆隶属于医学院甚至医院，其运作经费和人员薪酬来自医学院，医学图书馆馆长 / 主管往往向医学院院长（而不是总图书馆馆长）直接汇报，所以其和医学院的关系远远强过和图书馆的关系。也就是说，医学图书馆的学科馆员实际上是医学院的一员，而不是图书馆员嵌入医学院这样的关系。第二，美国医学院学生（博士学位）有在学期间的轮换制实习和毕业后的实习，很多项目需要和实习医院、医学院进行协调，这些工作传统上均由医学图书馆员协调，所以担任医学馆员的职务名称是"医学教育协调员"。第三，医学院的教授有研究、教学、临床医生等多重身份，其中科研、教学往往是次要的（其主要收入来自临床），他们往往是上周还在做 80 小时的临床工作，下周给学生上课，只能利用业余时间准备教案，相对于其他学科的教学和科研人员，他们更需要帮助，这往往成为医学馆员的职责。在教学上，医学院教授相对于其他学科教授的区别是：这些医生型教授没有配备 TA（学生教学助理）来协助教学，而是靠学科馆员来协助制定课程内容等，这是该学科独有的现象。总之，在美国图书馆馆员中，医学馆员是很特别的类型，用其为例来证明嵌入式学科服务在美国图书馆的普遍性不合适。

笔者面试过上百位来自全美各高校的图书馆馆员，以评估其学科服务经验，除几位医学馆员外，只遇到过两位有类似嵌入式服务经验的馆员：一位来自耶鲁大学图书馆，该馆为本科生提供全方位的服务 personal librarian（个人定制的图书馆馆员）；另一位有特殊的专业博士学位，因为研究能力强，图书馆安排其在负责的院系每周有固定的办公时间，但这是特例，其他学科馆员并没有提供类似服务。笔者的观察在文献中也有例证，据 Shumaker 调查，在美国，除医学馆员外，提供嵌入式学科服务最多的是本科的信息素质教育。这表明在美国，即使是嵌入式学科服务，其内容也是"从图书馆资源出发，从宣传推广本馆的资源和服务出发"，深入程度即使在同一个图书馆，各个学科之间也不一定均衡。如果把这种嵌入程度用所谓的第二代学科馆员的尺度来衡量，即使考虑现在全面使用的计算机和网络技术，也只能达到 1.5 代的程度，离全面融入、组织和服务一线的服务要求还有很大的差距，更不要说成为科研前哨了。

## （二）中国高校图书馆开展嵌入式学科服务需要考量的因素

美国高校图书馆学科馆员有相当多的工作内容，但基本出发点是围绕图书馆专业知识和技能方面开展服务，让广大师生和研究人员能更好地利用图书馆资源，同时把学术交流、版权保护、开放获取、数据管护和机构云端储存等新型服务介绍给用户。中国图书馆界完全可以把更好的图书馆服务呈现给用户，至于是否提供嵌入式学科服务，成为教授和研究人员了解科研前沿的侦察员和前哨，要看几个因素：

（1）教授和科研人员是否有嵌入式学科服务需求？在实际工作中，往往不是图书馆想提供某种服务，就能够得到教授和科研人员的积极回应，更多的例子是他们不愿意花时间与学科馆员接触，因为他们认为没有这种必要，自己知道需要什么，无须他人指点。因此，图书馆要开展某种服务，推广服务的努力往往多于提供服务本身。

（2）是否深刻了解用户？追踪学科前沿课题、发现新课题是教授和研究人员的基本科研素质。教授和科研人员，尤其是名校的教授和科研人员嗅觉敏锐，密切跟踪同行的研究进展，因为一旦有人先发表同样观点的文章，就必须修改自己的文章甚至改变课题。由于学术交流手段多元化，正规发表论文的速度较慢，信息交流往往通过非正式的渠道，非常具有个性化，很难依靠图书馆员来开展这类工作。因此，图书馆开展脱离实际需求的服务，用户往往不接受。

（3）全面开展高质量的学科服务要提高学科馆员的专业素质，包括图情专业知识和学科知识。如果仅仅是本科专业背景，那么很难满足高标准的服务需求，因此需要硕士以上的学科背景。但要聘用此类人才，可能需要放弃入职门槛要求，存在较大的弊端。另外，这些人尤其是有终极学位的，往往觉得自己屈尊于图书馆，未必满意待遇和工作性质。

（4）全面提升学科服务需要核算学科馆员的工作量和人力成本。高质量的全方位服务势必会增加学科馆员的工作量和压力，因此不能一味地考虑提高服务而忽略人力物力投入及其产出，而要考虑是否物有所值。从学校投入角度而言，可能有成本低但效果好的办法，如为教授配备研究生助理。

（5）要考虑服务的专业含金量，区分服务内容。作为图书馆最有含金量的职位，美国学科馆员从事的是需要图书馆专业知识的服务，而不是低层次的图书馆服务，如文献传递。

从中国图情期刊论文介绍的实例中，可以看到中国部分高校图书馆的学科服务发展得很快，开展了国外同行没有提供的服务，如参与和跟踪研究课题。的确，在有需要且有条件的高校图书馆，它们当然可以提供更好的服务，但对更多的高校图书馆而言，学科服务和其他服务一样，不宜跟风，不应一味地追求高大上，应因地制宜地规划学科服务。在这里需要提醒的是：中国图书馆开展服务，并不是国外有什么例子，就需要跟上；而是用户有需要，而且图书馆有能力提供，才开展相关服务。需牢记的是：学科馆员要善于向用户展现自己的图情专业特长，赢得他们的尊重，更好地为他们服务，并通过服务展现专业价值。美国学科服务值得借鉴的地方是：重视提高用户使用图书馆资源的能力，让用户在掌握这些知识后能更有效地开展科研活动，并非把学科服务的重点放在本应该由用户自己干的事情上。

# 第六节　微信公众平台与高校图书馆学科服务

随着互联网信息技术的快速发展与普及，当前图书馆的发展趋势也逐渐迈向了新的阶段，以微信公众平台为主的互联网平台已经成为高校内部的重要信息交流平台，对高校图书馆的整体服务水平以及功能结构均产生了巨大的影响。本节对当前高校图书馆学科服务常见的问题进行了分析，并进一步探讨了基于微信公众平台的高校图书馆学科服务创新策略，希望可以为相关从业人员提供些许借鉴。

高校图书馆作为重要的资源搜集以及获取知识的场所，对师生开展学习研究工作有着重要意义，也是提升人才培养效率和质量的重要场所。随着网络时代的到来，微信已经逐渐成为当前的主流通信工具，对人们的生活和学习均有着重要的影响。高校图书馆服务建设应当以微信公众平台为基础，为学生提供丰富而全面的学科服务，保障学生能够及时获取全面而专业的知识信息，最大限度地满足师生的个性化需求，从而不断提高学生的整体文化水平和能力。

## 一、高校图书馆学科服务建设微信平台的重要性

图书馆建立的目的是服务广大师生群体，微信公众平台能够极大地提升学科服务质量和效率。在数字媒体技术未普及之前，工作人员主要通过笔记本记录的方式记载人们借阅书籍以及归还的时间，需要查询借阅的记录以及书籍购进时间等才能获取相关信息。所以，传统查阅方式是非常不便，且浪费时间。随着互联网技术的发展与普及，学科服务工作开展过程中能够采用互联网系统进行查找，借阅者可以去图书馆进行查找，从而获取书籍相关信息，但这也存在许多的弊端。随着自媒体技术的应用，用户能够直接通过手机终端进行检索，也可以通过客户端进行下载，所以，微信公众平台学科服务创新工作是当前的重点工作内容之一。

另外，微信公众平台能够加强图书馆和读者之间的互动交流，用户往往具有鲜明的特点。公众平台的关注用户，很多情况主要来自线下的宣传推广，

加强读者与图书馆之间的交流互动，能够减少后期取消关注的风险，所以，用户的黏度是比较高的。微信公众平台可采用通信技术，这具有很强的交互性，用户也能够及时发现问题，并与图书馆建立联系，工作人员也能够及时进行处理并回复，这样能够有效提高用户的参与度，从而逐步实现工作人员和读者之间的互动与交流。

## 二、当前高校图书馆学科服务过程中存在的问题

### （一）缺少相对应的学科服务公众平台

随着互联网信息技术的不断发展与应用，且涉及的范围仍在不断扩大，但是部分高校图书馆人员的思想观念依旧比较落后，没有充分认识到信息技术的发展对高校图书馆建设产生的影响及重要性，这样便会造成缺乏相对应的专门学科服务公众平台。另外，公众平台是一种新型的服务模式，部分图书馆人员对其并不熟悉，信息发布的时间相对较慢。这些方面的因素会造成高校图书馆不能充分利用微信公众平台开展相应的学科服务，从而降低图书馆的整体教育功能。

### （二）服务缺乏实质性内容，服务性质受到局限

随着自媒体时代的到来，越来越多的高校开始逐渐建立属于自己的微信公众平台，但是因为管理人员对该项服务比较陌生，从而造成建设微信公众平台过程中会存在一定的问题，如平台的服务内容比较单一，服务内容脱离实际的学科服务，缺乏一定的专业性。微信公众平台首先应对学生的学习服务进行相应的介绍，其次还包括一些客服服务、关键词搜索等。如果在建设过程中没有充分考虑到平台的优势应有内容，这样便会造成学科服务形式化，也会逐渐偏离学科服务平台的建设目的。

## 三、基于微信公众平台的高校图书馆学科服务创新策略

### （一）建设基础性学科服务微信公众平台

高校图书馆首先应当建设基础性学科服务微信公众平台，对相应的基础

性功能进行完善，在建设高校图书馆学科服务微信平台时，应当考虑建设的主要目的，结合微信公众平台的内容，开展服务性探究。如微信平台的信息发布功能，其主要针对图书馆的实际情况，定期推送相关信息，其主要用户为高校的教师以及学生。其次是一些参考性的服务，这涉及的方面比较多，如在公众号中设置关键词回复，设置专人及时回答学生所提出的相关问题，也就是微信公众平台的客服。最后是在线课程学习，主要是为用户提供一些学科资料、信息检索等相关资源，便于用户之间进行小组合作，为广大师生提供相应的交流互动平台，使师生能够充分发表看法和意见，此外也能够加强学术上的交流。这些服务能够保障服务平台在高校图书馆的使用高效性，有助于促进高校图书馆学科服务的创新和实践。

## （二）创新思维模式

首先，要使工作人员认识到图书馆管理过程中存在的借书难、查找难的问题，书籍资源有限，且记录工作量非常大等，这些都会严重影响工作效率。建立微信公众平台，能够有效改善其中存在的弊端，减少工作量，提升服务效率。其次，还应当对工作人员进行定期培训，要引导学科服务人员全面了解实际操作方法以及工作流程。通过系统化的讲解，使员工能够逐渐掌握微信公众平台的操作方法，借阅的用户可以通过手机借阅和使用书籍，为用户提供极大的便捷。

## （三）细化学科服务

高校图书馆学科服务工作应当逐渐改善以往传统的服务模式，对于借阅次数较多且信誉度比较好的读者，可适当开通个性化特色服务，如高校数字化图书馆可结合读者的阅读信誉度以及阅读需求，对其放宽借阅量。另外，还可以提高人性化服务，如当一位读者在阅读一本书时，刚好有其他读者也想借阅，读者如果已经借阅完毕，借阅者方便的话，可以提醒其提前返还，这样也便于他人借阅。

## （四）设置微信公众平台下载功能

网络中有着丰富的信息资源，随着自媒体时代的到来，许多读者并不喜欢翻看或者携带书籍，而更喜欢使用手机或者其他电子产品，所以，微信公众平台可以为用户提供下载功能。阅读者可以结合自己的需要，搜索相应的书籍，自行下载需要阅读的杂志或者书籍，这样能够避免携带不方便的情况，也能够避免时间和空间方面的限制问题。

## （五）深入课堂，加强微信交流

交流和讨论是学生学习的重要方法之一，共同分享和借阅书籍有助于促进学生之间的相互学习。例如，新闻学专业中，有一个知识点是关于二次曝光的，教师可以在公众平台上推送有关二次曝光相关知识点内容，学生可以在手机里面学习，并与实践相结合；学生也可以随时留言，发表自己的意见及看法；或者是上传一些自己拍摄的作品，有助于学生之间相互学习和借鉴。

## （六）建立多样性的微信公众平台

微信公众平台有着很强大的功能，其中便有实现图书资源共享的功能，学生如果对其他相关专业产生浓厚的兴趣，便可以通过微信公众平台获取相关学习资料。另外，员工之间也可以分享视频软件，这样也有助于员工之间相互学习和借鉴，学生获取知识也能比较快速。微信公众平台能够建立文字、语音传输、视频传输等多种模式，因此，只有不断创新才能够适应时代的发展需要，促使高校图书馆学科服务进一步创新和发展。

随着信息化时代的到来，微信已经成为人们生活中的一部分，高校图书馆要充分利用微信平台的强大功能，实现资源共享。自媒体平台有助于资源的整合利用，读者能够精准且快速地获得相关信息数据。通过知识的共享，不断提升学生的综合素养，从而达到促进学生交流和学习的目的，实现高校教育的最终目的。

# 第六章 高校图书馆学科服务管理

## 第一节 高校图书馆学科服务战略管理

本节主要探讨目前图书馆在开展学科服务中遇到的瓶颈问题，并对上海交通大学学科服务的战略规划做了详细的解读，其学科服务战略管理是一个成功的值得大家学习的典范。学科服务的战略管理是关系图书馆服务发展的未来和图书馆可持续发展的战略保障。

学科服务是现代信息环境下图书馆针对读者日益专业化和个性化的文献信息需求而推出的一种新的服务模式。它以用户为中心，以学科馆员服务为基本模式，面向专业院系、课题组和个人，建立基于院系的、院系协同的、面向一线教学科研人员的服务机制，以个性化、学科化、知识化服务为手段，以提升用户信息获取与利用能力为目标，旨在为教学、科研的自主创新提供有力的信息保障。

目前，绝大多数图书馆都在开展不同程度的学科服务，不论是传统的查新、参考咨询、文献传递等还是现代基于 Web 形式的通过 QQ 群、微博等服务形式的学科馆员开展的深入的学科化服务。笔者通过会务调研、电话调研等形式，了解到目前各高校图书馆都在开展不同深度的学科服务，但他们都说在开展服务的过程中会遇到许多瓶颈，如服务不知如何深入、下院系约见专家受阻、学科馆员的待遇如何保障、学科馆员是兼职还是专职好、开展学科服务是馆员个体出动还是以图书馆团队为方式规划等一系列问题。为什么中国目前大多数图书馆在开展学科服务中会遇到这么多的问题？笔者通过对上海交大图书馆网站的深入调研，了解到上海交通大学学科服务在目前国内是一流的，而且它的成功范式是值得广大图书馆学习和借鉴并具有可操作性的。笔者认为它成功的关键是对学科服务进行战略规划并辅助了一系列切实可行的计划方案。

管理学科分三个层次：管理基础、职能管理、战略管理。学科服务作为图书馆的一项服务，图书馆如果只采取表面的措施来开展工作，也只能做到管理基础和职能管理，要想提升学科服务管理水平，必须采取有效的战略管理，让其得到持续科学的发展。上海交通大学的学科战略管理经验值得大家学习，笔者将就此展开讨论。

# 一、图书馆制定学科服务战略规划的动因

## （一）图书馆传统服务理念及服务模式需要改变

图书馆传统的学科服务是满足基于馆藏文献提示的浅层次服务。大学图书馆的服务，已经引起许多图书馆界人士的深入反思。一贯被动的，坐等读者上门的，以图书馆为中心的，以馆内阅览、书刊外借、文献复制（包括光盘复制），参考咨询等的服务方式，都是基于馆藏文献的浅层次服务，这些已经无法满足大学读者深层次的服务。现代学科服务，强调按学术信息流开展服务，在知识和用户之间建立起有效链接；强调服务的主动性、个性化、专业化和智能化；强调知识和服务增值。现代及未来的大学图书馆，以读者为核心，强调创新，倡导一站式整合机制，鼓励小组进行学习，推广个性化和学科化服务。

## （二）现代学术研究方式催生学科服务

现代各大学面对的除了本科生这类普通读者，更多的是科研团队，而许多科研团队又是团队协同研究，从事的许多科学研究是处于学科交叉地带，图书馆的资源是按文献类型呈异地分布态势，如同一学科的图书、期刊等资源是按文献类型分别搁置的。为提高读者的信息查询能力与甄别信息的素养能力，就必须开展学科服务。

## （三）以用户为中心的服务模式是当前图书馆服务发展的趋势

按用户需求提供服务，即"用户驱动"。学科信息用户是图书馆特定学科资源与服务的利用者，是图书馆学科服务工作的服务对象。了解用户的信息服务需求，寻找学科服务的切入点和契合点，总结共性/规律性特征，将用户分群（类型）、分层次提供可行的、适需的、多样的、高效服务保障。按照用户或用户群的特点来组织各类资源与服务，创建个性化的信息存取服务是图书馆服务发展的未来趋势。

## （四）大学图书馆需要有效融入教学科研和学术交流过程

图书馆要为教学和科研服务，现在不再是坐等在图书馆等着上门的服务方式，而是要有效融入教学科研和学术交流过程。要融入这个过程就要分析和掌握所负责学科的教学体系、课程安排、任课老师、学生情况等，分析和掌握所负责学科的科研动态和项目、科研负责人、研究生情况，分析和掌握所负责院系学科的学科建设、发展动态等信息。

# 二、图书馆制定学科服务战略规划的要素

## （一）制定学科服务规划的目标

图书馆作为学校的三大支撑系统之一，要紧紧围绕学校的发展目标开展服务，如上海交通大学的目标是建设世界一流大学，提出育人为本、改革创新、质量提升、文化引领。因此，上海交通大学校图书馆紧紧贴近学校的发展规划，制定出图书馆发展规划:科学管理促进内涵稳固、服务全国晋级馆员队伍、基础工作奠定完善服务。

## （二）确立学科服务的理念

图书馆服务理念是图书馆历史和文化的结晶，是对其独特文化内涵的一种简练表达。上海交通大学建立以学科服务为核心的服务理念，具体内容是:资料随手可得，信息共享空间;咨询无处不在，馆员走进学科;技术支撑服务，科研推进发展。

## （三）创新引领：建立学科服务体系需要创新

学科服务创新是一项系统工程，对于图书馆而言：理念、管理、机制、服务、文化、内涵、品牌等均需要围绕学科化服务工作进行全新定义与设计。学科服务创新意蕴创新动源是以先进理念牵主线，以优化机制为动力，以科学管理做保障，以文化建设铸内涵，以服务创新树根本，以塑造品牌谋发展。

## （四）全局谋划

建立以学科服务为核心的组织机构、管理策略与运行机制。学科服务不仅是服务团队的主要工作，也是全馆各类组织机构业务工作的核心。因此，这就需要变革组织机构，细化职能结构，调整资源布局，建立全面完整的学科化服务体系。

## （五）优化一系列机制保障战略规划的实施

### 1.管理机制

馆内各业务部门围绕学科服务主线进行整体规划、组织业务全面保障、优化管理。通过整合业务管理部门、整合学科资源实现管理创新。而这些工作的调整要求有一套完善的激励机制、培训机制、竞争机制来保障管理的有效执行。总之，以管理创新为核心，以牵引机制、整合机制、约束机制、激励机制、培训机制、竞争机制为支撑保障。这就是通过优化管理机制，以大大提高服务效能。

### 2.运行机制

优化运行机制，围绕学科服务需求全方位组织资源。资源是服务的基础，要一改过去全部由采访人员做主采购资源的方式，应该改由学院师生、学科馆员、采访专家共同建设资源，最后由采访人员统一意见的"三一原则"。信息素养教育也由学院师生和学科馆员计划，做到不同学科有不同的规划和培养方式。资源的服务宣传也由他们共同参与，而不是图书馆在自己的网站或偶尔下院系的不系统的、没有针对性的宣传。总之，它是围绕学科开展共同参与的运行机制。

### 3. 团队机制

上海交通大学图书馆强调开展学科服务要优化团队机制，提倡交叉协同、信息与工具共享的方式。过去，大多数图书馆在服务的过程中，在馆领导的安排下开展某项服务后，学科馆员分头开展工作，后续工作没有集中汇总机制，这样就没法了解在服务过程中的共性问题和个性问题，使会让各个学科馆员重复工作。

### 4. 激励机制

好的学科服务要有优秀的学科馆员，因此，需要优化激励机制，培训高素质的学科服务团队。通过专项培训、会议、学术交流等提升馆员的学科素养能力；培训馆员善于多元化、全方位的互动交流；成为院系师生的朋友和助手，从而提高馆员的沟通能力。学科馆员在学科服务工作实践中成熟、提高，成为图书馆的中坚力量，为馆员的发展提供上升空间。学科馆员以图书馆事业发展为目标，成为学科服务的开拓者，成为图书馆奉献精神的忠实执行者。

## 三、通过改革创新的系列举措推进战略规划的有效执行

### （一）划分层次：针对不同类型的用户，学科服务要有侧重点

学科信息用户是图书馆特定学科资源与服务的利用者，是图书馆学科服务工作的对象。了解用户的信息服务需求，寻找学科服务的切入点和契合点，总结共性 / 规律性特征，将用户分群（类型）、分层次提供可行的、适需的、多样的、高效服务保障。对大学图书馆而言，学科信息用户主要包括教师、学生、科研工作者以及其他类型用户。因此，对学科馆员来说，学科信息用户分析主要是分析和掌握所负责学科的教学体系、课程安排、任课老师、学生情况等，分析和掌握所负责学科的科研动态和项目、科研负责人、研究生情况、所负责院系学科的学科建设、发展动态等信息。

（1）教学类群体：主要以嵌入课程式文献检索与信息素养培训及课程参考资料建设与服务为主，可以寻找特色课程（如精品课程、前沿课程、特色 / 创新课程、通识课程等），并与其进行合作，协助编制并荐购参考文献，推送信息资料，合作规划课程大纲，在课程中预留若干学时提供专题信息检索

培训。

（2）学习类群体：常规性信息素养培训，人文素养提升，专业学习激励与创新支持服务为主新生入学、毕业设计两个关键阶段的信息素养培训研讨室／创新实验室服务借阅积分奖励计划。

## （二）机构改革：构建以学科服务为核心的组织机构

目前，大多数图书馆都有办公室、流通部、咨询部、采编部等十多个部门，这为学科服务信息的集中带来不便。为此，上海交通大学将许多部门合并，成立了行政管理办总部、技术服务部（由系统部、技术加工部、采编部组成）、读者服务部（由参考咨询部和流通阅览部组成）。这样组合，为开展学科服务提供了有利的组织保障。为保障以"学科服务"为主线的全新服务，读者服务部按学科方向分别设置了工学、生医农理和人文社会科学三个学科服务部。此外，还设有一个兼顾基础服务的综合流通部。各学科部下面分别由学科馆员牵头，协同咨询馆员、阅览室管理员组成服务团队，面向各院系开展纵向深入的学科化服务，重点承担院系联络、需求调研、参考咨询、读者培训等工作，建立起能够迅速响应读者需求的服务机制。对于跨学科、全局性服务工作，如"信息素养教育""资源导航平台建设"等，则采用灵活组建工作小组的方式协同开展。这种纵横交织的组织构架，强调各学科服务团队、读者服务部乃至图书馆各部门之间的合作支撑、协同推进，充分发挥和调动集体智慧和全员参与，保证服务能够有效、持续地开展。

## （三）组织策划

上海交通大学图书馆通过组织策划，形成阳光、积极的组织文化体系，凝聚了团队精神、创新精神、服务精神、奉献精神。通过一套服务理念、两种服务模式（普遍推广、重点服务）、三层支撑框架（技术层、资源层、权制层）、四大战略举措（突出特色、分层推进、整体规划、顶层设计）、五项行动计划（融入用户了解需求、环境支撑技术平台、信息营销馆员培训、学术资源机制体系、嵌入教研助力教学）、六类服务内容（院系联络、信息素养、资源建设、咨询网络、互助社区、个性化服务）等系列举措，为走进院系基地、融入学科团队、嵌入研究提供了切实科行的保障方案。

## （四）塑造学科服务的品牌

目前，大多数图书馆都在不同程度地开展学科服务，但是图书馆是个历来不太重视宣传和营销的服务机构。在图书馆日渐边缘化的今天，图书馆应加大宣传力度。上海交通大学图书馆在做学科服务工作的同时，还注重品牌服务的创立，先后创立了 IC2 的创新服务模式、全新借阅概念的鲜阅、资源建设的三一原则等。

战略规划是图书馆事业发展到一定阶段，图书馆视野从面向现实到面向未来，是图书馆从一般管理走向高层次管理的必然要求。进入 21 世纪，资源与服务两个方面发展迅速，均取得了巨大的成就。相比之下，在学科服务管理方面，理论与实践都没有跟上时代和新形势的要求。许多图书馆还是依赖于馆长的个人智慧和经验管理，科学管理在许多图书馆还没有真正得到实现。而战略问题是管理的高层次，从这个意义上讲，由于缺乏科学管理的基础，故而直接影响图书馆学科服务的战略研究。因此，图书馆一方面要从科学管理做起，加强学科服务管理理论与应用的研究，提升管理在图书馆中的地位；另一方面要关注学科服务的未来和图书馆的可持续发展，加强战略研究和学科服务的战略管理。

目前，大多数图书馆所开展的学科服务都没有专职的工作队伍，而是临时组织人力、开展兼职性质的服务。同时，由于缺乏有效的组织管理，没有制定明确的发展规划，自上而下难以达成共识，影响了学科服务的实际效果和深层次发展。通过上面对上海交通大学在学科服务方面进行的战略规划的介绍可以发现，只有做好战略规划，才能真正实现为用户提供更加专业化、个性化、深层次的学科服务的目标。由于各种类型图书馆学科服务的内容不尽相同，基本涵盖了针对不同学科用户群体的需求，可以提供个性化和有参考价值的信息资源推荐、过滤、导航、建设，学科咨询及学科情报追踪与研究也包括信息素养教育。但所服务的用户群体有所差异，学科馆员的具体组织、管理与运作千差万别，学科服务的内容和方式也没有统一的模式。为了保证服务的效果和连续性，各图书馆有必要制定学科服务的发展战略规划，以便有目标、有步骤、有计划地加以推进进程。

# 第二节　高校图书馆学科服务团队建设与管理

为促进图书馆由被动服务向主动服务过渡，高校图书馆须考虑与专业学科展开合作，应从学科服务重视程度、组织管理、团队组成、绩效考核、信息平台建设等方面考虑。本节分析高校图书馆学科服务团队建设存在的问题，积极更新理念，探索健全管理机制、完善考评体系、加强平台建设的路径，以构建现代学科馆员制，建立一支优秀的学科服务团队，推动我国高校学科建设与图书馆服务模式的优化进程。

图书馆作为高校的知识库和学习资源阵地，其重要性不言而喻，在传统管理服务中图书馆多作为文献检索和传递的载体存在。信息时代的到来，图书馆开始转变理念，探索管理模式创新，嵌入学科服务，以促进与专业的融合，积极为师生提供专业化、个性化的高质量服务。1998年，清华大学图书馆首先引进了国外的学科馆员制度，之后国内多所高校相继引入。可见，我国高校图书馆已经开始越来越重视学科服务团队的建设。经过近20年的发展，虽然积累了不少经验，但整体而言仍处于初级阶段，提升的空间还很大。本节将从高校图书馆学科服务的重视程度、组织管理、团队力量、绩效考核、信息平台建设五大维度，分析了高校图书馆学科服务团队建设存在的问题，提出更新理念、健全管理机制、完善考评体系、加强平台建设等学科服务团队建设的路径，以期构建学科馆员制，为我国高校图书馆搭建一支优秀的学科服务团队提供可参考的思路。

## 一、重新定位，重视学科服务

除清华大学、北京大学、上海交通大学、武汉大学等少数知名大学图书馆外，国内绝大部分高校图书馆并没有高素质的学科服务团队。在信息时代，大多高校图书馆的服务模式仍较为陈旧，是一种"被动式"的服务，其功能仅仅体现在书籍借阅上，与高校学科或专业建设缺少融合，难以主动为师生提供高效服务，难以推进科研教学工作创新，也不利于图书馆管理与服务水平的提升。出现这种现象的根本原因是高校图书馆不重视学科服务，很多高校图书馆还未完全意识到学科馆员制度的优越性。即使是在已经实行学科馆员制度的高校中，也往往因为经验匮乏，理解不深，导致团队质量不高，难以满足高校教学、科研需要。在网络信息时代，高校图书馆应重新认识自我，找准定位，实现自身价值。高校图书馆应明确其服务对象是"为了获取与本专业有关知识信息"的广大师生，传统的图书馆员只负责图书借阅管理不能满足师生"教""学"和教育科研新需求。因而高校图书馆应转变观念，清楚地认识到建设学科服务团队的重要性和必要性，增加此类图书馆员的数量。

## 二、优化组织结构，健全管理机制

一方面，我国高校图书馆在搭建学科服务团队时，学科馆员多从馆内选拔或抽调，且多为兼职。在图书馆员原本各司其职的架构中，选拔或抽调人员去兼顾学科服务，可能导致个别馆员工作任务繁重，也极易引起工作上的矛盾。学科服务是一项长期项目，需要具备专业知识与专业能力的馆员长期坚持，投入大量的精力、时间，这种拆东墙补西墙式的抽调、选拔人员的方法肯定是行不通的，至少不是长久之计，也很难为相关学科提供优质的个性化服务。另一方面，国内很多高校图书馆采取的是直线式的等级组织结构，从上到下分为主管校长、馆长、副馆长、业务部门等。这种组织结构方式存有局限性，如上级权力过重，基层馆员无权参与决策，容易挫伤其积极性。加之学科服务团队管理体系的不健全，制度无法彻底落实等因素，图书馆学科服务团队的作用并未得到充分发挥。

要让学科服务团队的作用得到充分发挥须加强各方面的投入，优化组织结构，建立现代化的管理机制。权力等级太过明显的"金字塔式"管理结构可能影响馆员为用户服务的质量，扁平化的组织结构可能更利于提高馆员的参与积极性，也更有利于提升学科馆员的工作效率。通过科学合并、适度裁减，让图书馆各部门为各"学科服务组"服务；再通过"学科服务组"管理组内学科馆员；让学科馆员直接面对用户，通过业务流程的横向管理，能够让用户以最快速度获得自己所需信息。这种组织结构减少了上级管理人员数量，可增强学科馆员的专业性，赋予了基层馆员一定的决策权，其职责更为明确，服务内容与服务对象也更为明确，有利于其提高服务质量。同时，鉴于学科服务范围广、专业性强，因此须明确目标，吸取国内外先进经验，结合各图书馆的实际情况制定合理可行的制度，将学科服务具体化，并确保每一项制度都能够落到实处、起到实际作用。

## 三、施行资格认证，提升服务水平

当前，图书馆学科服务团队难以在数量和质量上同时满足高校教研需求，即便是国内顶尖的几个高校，其图书馆学科服务团队总人数也偏少，有时一个团队要负责两个或者多个院系，工作量大，这样必然会影响工作质量；而"一对一"或者多个团队负责一个院系，又会出现人员不足的问题。更为重要的是，从整体上来看当前我国高校图书馆学科服务馆员的综合能力偏低，很多馆员的图书管理经验较为丰富，但在学科服务上依然存在理念落后、知识老化、专业能力欠缺等问题。因此，学科服务团队中除了需要图书管理馆员外，还应增加一定的学科专业馆员，如相关学科的学界专家、业界顾问等。之所以会出现"一些高校图书馆有学科服务团队，却起不到太大的实际作用"的现象，其原因就是学科专业馆员太少，甚至没有。

针对这一问题，高校图书馆可根据实际情况施行资格认证制度，要求只有达到规定标准的馆员方能进入学科服务团队，以建设一支优秀的学科服务队伍。美国的经验值得各名校借鉴，美国对学科馆员资格的要求很高，一方面，要求学科馆员原则上应具备专业本科学历与图书馆学硕士学位，一些知名院校甚至还要求双硕士学位；另一方面，在招聘学科馆员时，审核也较为严格，须经过初审、再审和终审三次考察，满足条件者优先录用。当然也有特殊情况，对于专业水平及各方面能力都很优秀，但学历不够的业界老专家或学者，也会酌情考虑录用。美国高校图书馆这种严格的资格认证制度大大提升了其学科馆员质量，值得我们学习。我国高校图书馆若能建立学科馆员资格认证制度，对外可以广纳各界优秀人才，对内可提高内部人才的专业水平与综合能力。当然，学科服务团队建设是项长期项目，团队建设和人才培养不能中断，所以持续性非常重要，通过相互交流、相互学习，定期开展专业培训，可不断提高学科馆员的专业素质和综合能力。

## 四、完善考评体系，构建奖惩制度

一方面，某些高校图书馆的学科服务团队稳定性较差，表现为馆员工作杂乱，常顾此失彼；馆员流动性较大；部分馆员工作态度不认真、不积极，心不在焉，其原因主要是很多高校图书馆都缺乏有效的激励机制。一些高校图书馆没有准确把握学科馆员的心理需求，未能提供令其满意的条件，导致人才流失严重。另一方面，考评体系不完善。在对学科馆员进行考评时存在定位偏差，部分高校图书馆盲目借鉴企业考评模式，以至于常出现因利益问题而引发的矛盾，不符合图书馆开展学科服务的初衷。此外，考核指标体系也缺乏科学性，往往无法兼顾个人考核与团队考核，很容易挫伤馆员的积极性。

面对复杂的学科服务团队建设，若无一套严格规范的考评机制，学科服务就难以取得预期效果。为保障学科馆员能够全身心地投入工作中，提高服务质量，首先应通过激励手段调动积极性，激发工作热情，做到奖勤罚懒，以体现考核制度的公平性；其次，改善薪酬制度，提高待遇，予以生活上的帮助和补贴；再次，要提供晋升机会，在内部形成良性竞争，促进共同进步；最后，还要注重精神鼓舞，要让学科馆员在岗位上有自豪感、使命感，平时多举办文化活动，加强内部沟通和外部交流，丰富其精神世界。此外，为更好地实现服务管理目标，图书馆必须进一步完善学科服务团队考评制度，既要考核团队水平，又要兼顾个人能力考评。采取多元化的考评方式，馆员可自评、互评，在互相学习中发现自身不足，学习他人长处。考评内容全面，像团队合作水平、整体精神面貌，用户满意程度，解决问题的次数和质量以及学科馆员的个人能力、工作水平、服务质量等都应纳入其中。

# 五、提供技术支持，加强平台建设

学科服务团队建设涉及多个方面，在当前网络信息化环境下，信息服务平台的构建应作为重点工作之一。充分利用网络信息技术，有利于学科馆员制度的推广，有利于团队效率的提升，然而，现实情况并不能令人满意。尽管不少图书馆都已经实现了信息化管理，但在学科服务上还较陌生，网页依然是静态模式，究其原因，主要有以下三个方面：一是内容有限且缺乏吸引力；二是设计不科学、不人性化；三是缺少互动功能，具体表现为信息更新不及时、界面美观度较差、内容缺乏针对性等。可见，大多数高校图书馆学科服务团队建设还处于初级阶段，平台完善方面要走的路还很长。

在网络技术不断发展的背景下，一方面，高校图书馆应该为学科化服务开设专栏，制作专门的网页，网页的内容不仅要体现学科馆员的信息，也要有学科服务的具体内容；另一方面，图书馆应该建立集成化的互动学科服务平台，技术力量比较强的高校图书馆可将图书馆导引作为学科服务平台建设的首选，充分利用 Web2.0 混搭技术进行资源、应用和服务的有效整合；技术力量不够以及学科服务刚刚起步的高校图书馆，也可以借助所购买的具有学科增值服务功能的数据库，搭建具有本校特色的学科服务平台，经费较多的图书馆还可以请专业团队开发专门的学科服务平台，以保障学科服务更专业、更个性化。

图书馆是高校的一部分，学科团队建设不仅仅是图书馆的工作重点，也应是学校的重大项目，图书馆要加强与院系、教务处等部门的沟通，增进相互之间了解，促进图书馆藏资源与学科的融合。面对来自资源建设、信息服务、信息素养培养及计算机技术等各方面的需求，学科服务也需要图书馆各部门的支持。学科馆员通过整合整个图书馆资源，可充分发挥其纽带和桥梁作用，保障服务质量。学科馆员制是现代高校图书馆学科服务中的一种较为科学的服务管理机制，是现代学科发展与图书馆服务创新的产物，也是高校图书馆未来的重要发展方向之一。学科馆员制可促进图书管理与学科专业的融合，推动我国高校学科建设与图书馆服务模式的优化。

# 第三节　高校图书馆学科服务平台管理

本节根据高校图书馆学科服务平台建设和应用的特点，借鉴大多数网站管理和维护的经验方法和关键技术对学科服务平台进行管理，提供稳定且高效的学科服务。

随着互联网的普及和高校图书馆数字化的发展，为了快速高效地开展学科服务工作，搭建学科服务平台成为高校图书馆的最佳选择，因为它具有低成本、个性化和高效率的特点，能提供 24 小时不间断的服务。然而，建立学科服务平台仅仅是进行学科服务工作的开端。在学科服务平台运作后，只有不断改进设计、提供更多的服务，不断更新平台内容和信息，建立安全的管理和维护制度，学科服务平台才会具有生命活力。

## 一、学科服务平台的维护

学科服务平台维护的目的是让平台稳定地运行，为用户提供全天候的服务。学科服务平台维护的主要内容包括服务器防火、防潮、防尘等硬件的维护，服务器操作系统和学科服务平台的安全管理维护，防范黑客入侵网站，定期检查学科服务平台的各个功能和各种链接是否有错等。

## （一）服务器硬件维护

学科服务平台安装在服务器中，而服务器硬件在使用中常会出现一些问题，从而影响学科服务平台的工作效率，所以，对硬件进行维护是很重要的一项工作。服务器硬件维护主要包括以下内容。

### 1. 防火防潮

学科服务平台安装在服务器中，服务器的防火防潮工作不容忽视。第一，要给服务器所在机房选择避开低洼或者阴暗潮湿的地下室、有害气体源以及存放易燃、易爆、易腐蚀物品的地方。第二，机房地板要使用活动地板，机房使用的建筑材料能防火、防潮、抗静电。第三，机房布线要整洁而有规则，设备走线要与空调设备、电源设备的走线分开，电源线和计算机信号线要分开。第四，所有设备之间应有一定的间隙，保证要有足够的空间进行通风散热，也方便设备的安装、调试及维护。第五，机房内必须保持一定的湿度和温度，并有良好的通风条件。

### 2. 除尘

服务器自安装之日起就开始不间断的开机运行提供服务，经过长时间的运行后服务器内部就会积累大量的灰尘，随着时间的增加，灰尘就会越积越多，灰尘积累到一定程度后，会影响各种器件的散热，严重的会引起电路短路造成服务器故障。所以，管理员要定期为服务器进行除尘。由于除尘需要拆卸服务器机箱，会涉及安全和保质期等问题，所以最好联系厂家安排专业的技术员进行除尘工作。

### 3. 定时巡查

巡检是一个常规任务，通过看服务器前面板的指示灯状态了解服务器的运行情况；用手触碰服务器的外壳，看是否过热；用耳朵听服务器的声音，判断风扇、硬盘等机械部件是否正常。好一点的 IDC 机房，会在机柜里放一个温度计，这是一个不错的办法。

## （二）软件维护

软件系统方面的维护工作也相当重要，主要包括服务器操作系统、学科服务平台数据库等方面的维护。

### 1. 操作系统维护

所有的应用程序软件包括学科服务平台程序都是在操作系统上运行的，操作系统能否快速安全稳定地运行直接影响学科服务器平台的应用。对服务器操作系统进行维护，应做到以下几个方面：首先，要安装正版的操作系统和正版的杀毒软件、防火墙，及时对操作系统软件和杀毒软件病毒库进行升级；其次，加强服务器管理员账户和密码保护管理，所有账户都要设置一些位数稍长、数字和字母混合的密码，密码要定期更改；再次，关闭一些不常用和根本不用的端口和服务；最后，定期查看和检查系统日志。加强服务器系统日志的定期监控和分析，确保系统日志程序运行，有效地掌握服务器的运行状态、发现和排除运行过程中的错误原因，了解网络用户的访问情况等。

### 2. 平台数据库维护

学科服务后台数据库负责保存和管理平台所有的数据信息，是重要的数据源。这些数据相对来说应该都是平台非常宝贵的资源，所以需要定期做好数据库的本地和异地备份，并加以整理存放，或者刻成光盘保存起来，如果系统发生故障或者数据丢失可以马上进行数据恢复，确保数据的安全。数据库经过一定时期的运行使用后，随着内容的增加和一些日志的日常积累，要及时调整数据库性能，使之进入最优化状态。

## （三）平台内容更新

学科服务平台的内容是学科服务平台对用户提供服务的核心，而对平台内容的更新是平台提供服务最为关键的工作。

平台建设前期设计进行合理规划。平台的功能需求分析，确定平台上相对稳定的内容和需要经常更新的内容。学科服务平台系统一般需要设计前台显示系统和后台管理系统，对于经常需要更新的内容，管理员能登录后台对其进行内容的编辑和提交，前台能自动获取后台的内容进行生成显示；而对于相对稳定的内容，对它进行模板设计，这些模板不用改动，这样可大大便于后期的内容更新工作。

确保平台后续管理的投入。目前，大部分高校图书馆以购买或者外包项目方式进行学科服务平台的建设，也有少数图书馆进行自主研发。在平台建设初期资金和人力投入比较充足，而在平台上线后，由于对平台的管理不够重视，减少人力、物力对平台的支撑，平台内容迟迟得不到更新，导致平台的服务质量大打折扣，所以学科服务平台建设对学科服务平台的后续管理和维护应给予足够的重视。

建立高效的内容管理制度。学科服务平台提供的各种资源和系统都依靠馆员从图书馆的各个业务部门进行收集和整理，展现学科平台的内容既要保证信息更新的及时性，又必须考虑信息的准确性和安全性，确保信息获取渠道的畅通和信息发布流程的合理。所以有必要建立从信息收集、信息审查到信息发布的良性运转的管理制度。

## 二、学科服务平台的推广和宣传

有些用户学科服务平台上线之后，如果不及时加以推广和宣传，用户想要找到平台就如同大海捞针，希望渺茫，甚至根本不知道有这个平台。这样的平台形同虚设，不能给学科服务带来任何效果，这种资源的浪费才是一个图书馆最大的浪费。根据图书馆的服务特点，可以采用以下推广和宣传的方法。

（1）在学校网站主页、图书馆首页、移动图书馆 APP、微信和微博的醒目位置添加学科服务平台链接。

（2）通过校内各种 QQ 群发、论坛发帖和印发传单等方式进行关于学科服务平台的信息宣传。

（3）图书馆举办新生入馆教育、培训讲座和文献检索课程加入学科服务平台使用等内容。

（4）馆员在与科研人员进行面对面的学科服务时进行学科服务平台的宣传。

## 三、对用户使用平台数据分析

在学科服务平台开设留言专栏和提供 QQ、邮箱和咨询电话等各种联系方式，用户在使用学科服务平台的过程中有问题可以及时地联系到提供学科服务的馆员。学科馆员应定期收集和整理用户反馈的意见和建议，为设计者对学科服务平台进行相应功能和内容的增加或调整、版面的设计等提供参考依据。

# 第四节　6S 管理模式与高校图书馆学科服务

## 一、6S 管理与图书馆学科服务 6S

### （一）6S 管理的起源及内涵

6S 管理起源于日本 5S，5S 管理是日本企业普遍采用的一种现场管理方法，5S 管理的基本要素为整理（Seiri）、整顿（Seiton）、清扫（Seiso）、清洁（Seiketsu）和素养（Seituske）。由于它们在日语中的罗马注音首字母都是 S，故简称为 5S。5S 管理的本质就是通过现场管理来提高工作效率和人的素质，最终形成一种企业管理文化。在导入 5S 管理法过程中，我国企业根据国内的实际情况还加入安全（Safety）要素，最终形成中国企业的 6S 管理。

### （二）图书馆学科服务 6S

学科服务作为图书馆服务的重要组成部分，在常规管理和业务工作要求方面，与企业有很多相似之处，根据其工作内容、要求及服务理念可以形成学科服务 6S 管理法。它具体是指整理、整顿、清洁服务、嵌入、素养。图书馆学科服务 6S，更好地诠释了学科服务的工作内容及工作要求，图书馆在学科服务中引入 6S 管理有利于整合资源，提高人员素质，增加团队意识，加强与院系的合作交流，全面提升图书馆学科服务水平。

## 二、图书馆学科服务 6S 的实践

沈阳农业大学图书馆为更好地服务学校的教学、科研工作，助力学校的内涵建设，全面提升图书馆的服务质量，以信息服务工作为核心组建了学科服务团队，并借鉴现代企业 6S 管理模式，结合学科服务的目标和特点，制订了"学科服务的 6S"。经过在实际工作中的试点实践、经验总结、修订标准和全面推开等过程，最终探索出较为成熟完善、科学实用的图书馆学科服务 6S 管理模式。

## （一）学科服务 6S 的推行步骤

### 1. 以项目的形式在图书馆党支部中进行试点

以图书馆申报的共产党员工程项目为契机，在 5 名支部委员中试点开展以 6S 管理构建图书馆学科服务优质体系研究项目，制订 6S 管理推行计划，确立 6S 各要素在项目实施活动中的具体细则和量化评价标准，并在项目中落实推行。

### 2. 以点带面，在党员中推广 6S 管理

支部委员试行 6S 管理一段时间后，进行认真总结，重新修订具体细则及量化指标，并在党员学科馆员中进行推广，以融入一线为手段，以嵌入科研为目标，按照 6S 管理要求，创造井然有序、整洁舒适的工作及研讨环境，最终建成管理规范、服务一流的图书馆学科服务体系，为用户提供专业化、精细化的服务，真正实现学科服务嵌入科研用户的目标。

## （二）学科服务 6S 的宣传动员

项目初期，需要做好 6S 宣传工作。利用图书馆的宣传展板等形式广泛宣传 6S 知识，通过聘请 6S 资深管理人士来图书馆授课，传授 6S 知识精髓，提升 6S 执行能力，进一步营造浓厚的 6S 管理氛围，鼓励大家积极参与，认真对照 6S 管理细则执行，从而确保学科服务 6S 稳步推进、扎实有效。

## （三)6S 管理机构的设立

成立以馆长为组长、各部主任为成员的 6S 管理检查小组，对学科服务 6S 各项工作进行考核，馆长亲自抓 6S 工作的推进和执行，定期听取学科馆员的工作汇报，不断修正各要素在活动中的具体实施细则和量化评价标准，并形成书面考评制度，以促进学科服务 6S 在图书馆的标准化、规范化建设，确保学科服务 6S 管理能持续有效地开展。

## （四）学科服务 6S 各要素的组织实施

### 1. 整理服务环境，科学规划布局

为做好学科服务工作，图书馆重新对办公环境进行整合，设立三个学科服务研讨室。研讨室除配备必要的桌椅、电脑和部分与学科相关的工具书及期刊外，每个房间还依据服务学科的特点进行个性化布置，如农学研讨室会配置玉米、水稻的图片，植保研讨室配有一些病虫害的标本及挂图。研讨室的设立，一方面为学科馆员及院系教师定期面对面的沟通提供固定场所，另一方面为学科项目组从事专题性、持续性研究提供舒适开放的交流空间，房间布置会随服务对象的变化而变换，经常让人感觉耳目一新。

### 2. 整顿学科馆员，合理落实分工

图书馆以信息服务部为核心，把 45 岁以下、本科以上的人员，按照学科背景、年龄结构、性别及个人意愿等分别组成 3 个学科服务团队，每个学科服务团队依据学科背景及优势确定对口服务目标，以点带面，点面结合，主动深入院系开展服务。

### 3. 清洁房间卫生，改善研讨环境

学科馆员负责对研讨空间的全面清扫，在室内摆放绿色植物和鲜花，既净化室内空气，又能营造优雅、舒适的休闲环境，力求为师生创造温馨如家的研讨空间。

### 4. 服务主动及时，考核量化到人

任何服务都应以用户的感知作为服务评价的主要依据。图书馆学科服务 6S 借鉴和利用了这样的方法，评价考核从平时的工作量汇总和用户反馈两个角度进行，要求学科馆员每月至少两次深入所服务的院系或学科，介绍图书馆的新资源、新服务，了解所服务对象近期工作情况、申报课题的进展动态等，并于每月底提交当月的学科服务工作量。被服务的对象要对学科馆员的工作给予客观真实的评价，要认真填写图书馆统一印制的学科服务反馈表，并将反馈结果直接发给 6S 管理组长。这样不但能掌握学科馆员的服务数量和质量，也能为学科馆员 6S 考核工作提供相应依据。

5. 嵌入学科专业，深化信息服务

与传统的学科服务相比，嵌入式服务作为一种新型学科服务模式，最显著的特点是把人性化、个性化融入服务过程中。沈阳农业大学图书馆在学科服务中引入 6S 管理，以支撑科研、推动服务创新为己任，通过学科馆员深入一线，嵌入学科及科研课题，了解师生的需求和遇到的困难，探讨服务的切入点和服务方式，为他们提供专业化、深层次的服务。尽管这种学科服务 6S 还处于探索和起步阶段，但服务的内容与方法逐渐清晰，服务的效果也日渐显现。

6. 素养不断提高，实现互惠双赢

"素养"是 6S 管理的最终目标。学科馆员通过嵌入学科的服务，一方面提升自己的专业知识，实现图书馆学知识与专业知识的有机结合，增强服务学科的专业素养；另一方面，专业教师在与学科馆员的联络中，也能掌握检索信息的方法与技巧，了解图书馆更多的资源及服务，提升专业教师的信息素养，实现双方的互惠共赢。

# 三、学科服务 6S 管理的成效

## （一）提高图书馆的资源利用率

学科馆员主动深入院系，根据师生教学、科研的需求，提供深层次、个性化的信息服务，开展有针对性的资源检索与利用培训，使师生能够了解各学科、专业可以利用的各类型资源及检索方法，降低教师查找文献的盲目性，节约时间，提高效率。自开展学科服务 6S 管理以来，一批知名外文数据库的检索量及下载率都有大幅度提高。

## （二）学科馆员的科研能力得到提升

通过"融入一线，嵌入过程"，学科馆员也从传统的提供信息者、资源培训者转变为活动的参与者，如参加专业学术会议、研究生开题等；有的学科馆员还作为科研课题的成员撰写项目申请书、担任项目评审组成员。嵌入学科服务不仅实现了学科馆员图情知识与专业知识的深度融合，还提升了馆员的科研能力，学科馆员申报各级课题的命中率都有所提高，也吸引着更多的馆员加入学科服务团队。

## （三）开启信息检索课嵌入专业课教学的新模式

将信息素养教育无缝嵌入专业课教学中，不仅是提升学生信息素养的教学新模式，也是促进学生有效的获取、评价、管理学科专业资源的新探索。笔者所在馆两年前曾尝试开展信息检索课嵌入式教学，但由于专业课教师对嵌入式教学方式依然持有怀疑态度，所以很难得到有效响应。通过学科服务6S管理的实践，让教师亲身感受到了图书馆学科服务带来的便捷与高效，也对图书馆倡导的信息检索课嵌入专业课教学模式给予更多的关注，开启了信息检索课嵌入专业课教学的新局面，有的专业教师还以此为题申报了辽宁省教改课题并获相关立项。

6S管理是一套科学、严谨的方法体系，是使制度的硬性管理和规范操作最后演化为员工良好行为习惯的现代科学管理手段。6S管理也是很多知名企业的成功法宝。6S管理模式引入图书馆学科服务是一种有益的探索和大胆的尝试，它不是移花接木或照抄照搬，它是6S管理理念与图书馆工作实际以及工作细节的有机融合。在高校图书馆学科服务中推行6S管理，需要领导的重视、馆员的热情参与，更需要建立严格的检查及考核制度，并在执行的过程中不断细化和规范。如何使"学科服务6S"成为引领图书馆日常工作的基础管理方法，如何使每一位员工把6S管理当成日常工作的一部分，需要图书馆成员的不断思考与深度探索。

# 参考文献

[1] 邱均平等.论知识经济中的知识管理及其实施 [J].图书情报知识，1999（3）：9-13.

[2] 柯平.知识管理在图书馆中的应用研究 [J].图书馆学研究，2003（9）：8-12.

[3] 覃凤兰.基于知识管理的高校图书馆知识服务模式研究 [J].情报杂志，2007（5）：118-120.

[4] 吴建中.浅谈 21 世纪图书馆发展趋势 [J].图书馆杂志，1997（1）：35-37，26.

[5] 杨荣然.知识管理在高校图书馆的应用与发展 [J].图书馆论坛，2003（5）：30-31，65.

[6] 盛小平.21 世纪的图书馆知识管理 [J].图书馆杂志，1999（8）：29-31.

[7] 吴慰慈.从信息资源管理到知识管理 [J].图书馆论坛，2002（5）：110-113.

[8] 刘雪飞，张芳宁.图书馆知识服务模式及发展趋势分析 [J].图书馆理论与实践，2012（10）：110-112.

[9] 李荣，刘旭.对新环境下开展学科化服务的思考 [J].图书馆学研究，2010（4）：78-80.

[10] 麦淑平.图书馆知识服务模式研究 [J].图书馆建设，2010（6）：72-75.

[11] 柯平.新世纪图书馆需要知识管理和知识服务 [J].新世纪图书馆，2005（6）：13-15.

[12] 姚晨璐，李永先.基于知识管理的图书馆核心竞争力研究 [J].图书馆学刊，2013（11）：7-8.

[13] 李育嫦.数字图书馆信息资源共享现状及保障机制研究 [J].图书馆学

研究，2014（03）：43-44.

[14] 董燕云．计算环境下公共图书馆信息资源共享模式与运行机制研究 [D]. 济南：山东大学，2014.

[15] 黄翔．图书馆信息资源合作共享问题与对策研究 [D]. 广西大学，2013.

[16] 过仕明，张雨娴．图书馆信息资源共享平台建设影响因素的定量分析 [J]. 情报科学，2013（10）：89-91.

[17] 李秦燕．网络环境下高职院校图书馆文献信息资源建设的思考 [J]. 现代企业文化，2017（3）：180-181.

[18] 唐细英，付婷，陈文峰．网络阅读和高校图书馆文献信息资源建设的发展 [J]. 科技风，2017（2）：170-171.

[19] 刘霞，马晓，刘素颖．网络环境下军队院校图书馆文献信息资源建设的对策 [J]. 科技文献信息管理，2016（3）：38-39.

[20] 刘安定．云环境下图书馆信息资源建设的机遇、挑战与策略研究 [J]. 赤峰学院学报（自然版），2016，32（8）：192-194.

[21] 徐建华．现代图书馆管理 [M]. 天津：南开大学出版社，2003.

[22] 董华，张吉光．城市公共安全：应急与管理 [M]. 北京：化学工业出版社，2006.

[23] 彼得·德鲁克．管理的实践 [M]. 北京：机械工业出版社，2009.

[24] 郝建军．基于智库理念的图书馆参考咨询服务转型与建设研究 [J]. 图书馆学刊，2016（12）：79-81.

[25] 王喜平．基于智库理念的数字图书馆参考咨询服务模式研究 [J]. 河南图书馆学刊，2015（09）：112-114.

[26] 崔海英．服务主导型数字图书馆理念下的图书馆虚拟参考咨询服务研究 [J]. 现代情报，2005（12）：81-86.

[27] 肖希明．信息资源建设：概念、内容与体系 [J]. 中国图书馆学报，2006，32（5）：5-8.

[28] 程焕文，潘燕桃．信息资源共享 [M]. 北京：高等教育出版社，2004.

[29] 肖希明．信息资源建设 [M]. 武汉：武汉大学出版社，2008.